ALEXANDER NIKURADSE

Naturwissenschaft und Technik im Leben der Völker

VERLAG R. OLDENBOURG
MÜNCHEN 1952

Druck: Göttinger Druckerei- und Verlagsgesellschaft, Göttingen, Maschmühlenweg 8/10

EDUARD SPRANGER

zum 70. Geburtstag

in

Dankbarkeit und Verehrung

Vorwort

Die vorliegende Schrift stellt sich die Aufgabe, der Stellung nachzugehen, welche die Naturwissenschaft und Technik im menschlichen Leben einnehmen. Ihr Hauptaugenmerk soll vor allem dem Geschehen unserer Zeit gelten. Dieses kann aber in seiner tieferen Tragweite nicht erfaßt werden, wenn man sich nicht vergegenwärtigt, wie die Naturwissenschaften und die Technik die Vergangenheit, das gewordene und gewirkte Leben als Geschichte, mitgestaltet haben. Jeder Zweig des Lebens, welchen der Mensch heute geistig zu erfassen sucht, verlangt von ihm, als historisch gewachsener Tatbestand gesehen zu werden. Diese Notwendigkeit war nie so groß wie in unseren Tagen. Nur eine solche Schau gestattet zu erkennen, wohin die Tendenzen der Zeit gerichtet sind.

Diese Schrift ist die Erweiterung eines Vortrages, der von mir für den im Jahre 1950 in Paris stattgefundenen IX. Internationalen Historikerkongreß ausgearbeitet worden war und leider nicht gehalten werden konnte. Gespräche und Briefwechsel mit Männern der Geistes- und der Naturwissenschaften und der Technik haben geholfen, der Schrift die Gestalt zu geben, die sie heute hat. Ich bin mir dessen bewußt, daß sie eines noch höheren Grades der Reife bedarf. Ich muß aber meinen Freunden recht geben, wenn sie erwarten, daß dieser höhere Grad durch die nach der Veröffentlichung der Schrift zu erwartenden Stellungnahmen leichter zu erreichen sein wird.

Ich habe die angenehme Pflicht, allen den Herren zu danken, von denen ich in Gesprächen und im Briefwechsel so viel wertvolle Anregungen erhalten durfte. Vor allem danke ich Herrn Eduard Spranger, dem ich diese Schrift zu seinem 70. Geburtstag zu widmen die Freude habe, und Herrn Theodor Litt, mit dem ich mich in für mich lehrreichen Gesprächen mühte, Klarheit über den Abschnitt V, 3 zu schaffen. Auch meinen Mitarbeitern, den Herren Dr. O. E. Günther und Dr. R. Ulbrich, bin ich für ihre Unterstützung sehr zu Dank verpflichtet.

München, Mai 1952.

Inhaltsangabe

Seite

Verzeichnis
der Karten und graphischen Darstellungen

Einleitung

Um die Bewertung und Einschätzung der Naturwissenschaften und der Technik für die gesamte Lebensgestaltung bemühten sich in den letzten hundert Jahren in zunehmendem Maße Denker wie Kierkegaard, Schopenhauer, Oswald Spengler, Eugen Diesel, Ortega y Gasset, die amerikanischen Technokraten, Erwin Schrödinger, K. W. Wagner u. a. m.[1]) So verschieden wie die geistigen Individualitäten dieser Denker und Praktiker, so verschieden sind auch ihre Ansichten über diesen Gegenstand. Einig sind sie sich jedoch alle darüber, daß die neuzeitliche Forschung und die von ihr geschaffene Technik und Organisation die Träger unserer äußeren Lebensfülle und unseres Lebensniveaus sind. Von den Ergebnissen der Forschung in der Gegenwart wird es auch abhängen, welche Erweiterungen das Leben einmal erfahren wird. In allen Bereichen des menschlichen Daseins: in der Technik, in der Industrie, in der Wirtschaft, im Staat — überall sind ihre geistigen und materiellen Auswirkungen deutlich sichtbar. Sie lenken die Aufmerksamkeit nicht nur der Denker auf sich, sondern auch die der Staatsmänner, der Wirtschaftler, der Soziologen, kurzum — aller Menschen, welche es mit dem öffentlichen Leben zu tun haben. Ziel dieser Ausführungen ist es, einen Beitrag zu liefern für die Klärung der Frage nach der Rolle der Naturwissenschaften und der Technik im historischen Geschehen. Es kann nicht die Aufgabe sein, hier eine lückenlose und systematische Darstellung des Themas zu geben. Hier wird nur versucht, an wesentlichen

---

[1]) Zur Vertiefung in die Frage der Deutung und Bewertung der Naturwissenschaften und der Technik siehe die Schriften von: Max Bense, Franz Borkenau, Wilhelm Röpke, Karl Jaspers, Georg Jünger, Max Eyth, Robert Dvorak, Sidney Hook, William Vogt, Paul Valéry, Eduard Spranger, Arnold J. Toynbee. Aldeus Huxley, Pascual Jordan, Walter Reppe.

Beispielen zu zeigen, welche Stellung die Naturwissenschaften und die Technik im Gang der geschichtlichen Ereignisse eingenommen haben und einnehmen, wie sie ihn mitbedingt und mitgestaltet haben.

Für die Gliederung des Themas bieten sich manche Gesichtspunkte an. In erster Linie interessiert uns die Gegenwart; jedoch um die Tragweite dessen, worum es letztlich geht, klar ermessen zu können, ist es fruchtbar, Gegenwärtiges dem Vergangenen gegenüberzustellen. Von den Naturwissenschaften und der Technik her gesehen, müßten wir die Betrachtung in drei Abschnitte gliedern: 1. in die Zeit vor der technisch-industriellen Revolution, 2. in die Zeit bis zum Ersten Weltkriege und 3. in die Zeit der modernen wissenschaftlichen und technischen Forschung und ihrer Auswirkungen. Die allgemeine Geschichtsschreibung verweist uns auf ein anderes Schema: die Gliederung in Altertum, Mittelalter und Neuzeit. Weder der einen noch der anderen Gliederung wollen wir uneingeschränkt folgen. Zwar werden wir beide weitgehend berücksichtigen, aber wir wollen uns vor allem von den Zusammenhängen leiten lassen, die im Gegenstand selber wirksam sind.

Im ersten Abschnitt werden wir in einem allgemeinen Rückblick die Naturwissenschaften und die Technik im historischen Geschehen bis zur technisch-industriellen Revolution betrachten. Im zweiten lehnen wir uns an den Gang der geschichtlichen Entwicklung an, wobei wir nur der Verkehrstechnik unsere Aufmerksamkeit schenken. Wir wollen vor allem erfahren, vor welche neuen Möglichkeiten der Mensch durch die Verkehrstechnik jeweils gestellt worden ist und wie er auf Grund dieser neuen Möglichkeiten Geschichte gemacht hat — von den ältesten Zeiten bis zur Gegenwart. Im dritten Abschnitt suchen wir ein Bild von den Möglichkeiten zu vermitteln, die das atmosphärisch-globale Zeitalter auf den verschiedensten Gebieten des Lebens bringt.

Die folgenden Abschnitte erweitern die Betrachtung der Gegenwart unter zwei Gesichtspunkten: der eine ist mehr geschichtlich bedingt, der andere mehr durch die Naturwissenschaften und die Technik.

Es ist nicht zu vermeiden, daß in der historischen Sichtung auch das europäische Problem in den Blickpunkt tritt. Und der Leser darf erwarten, daß dieses so bedeutungsvolle Problem des gegenwärtigen Geschehens auch in seiner Beziehung und Wechselwirkung zu Naturwissenschaft und Technik gezeigt wird. Ein solcher Versuch wird im vierten Abschnitt unternommen.

Der fünfte Abschnitt will die Bedeutung der Forschung und des Unterrichts für das heutige Leben herausheben. Forschung und Unterricht von heute werden als die Träger und Bildner der Kultur und Zivilisation von morgen dargelegt.

Der letzte Abschnitt führt wieder zu den weltumspannenden Ereignissen unserer Zeit zurück und versucht, in knappster Form auf ihren Zusammenhang mit Naturwissenschaften und Technik hinzuweisen.

I. Vor der technisch-industriellen Revolution

Jeder von uns spürt, daß wir an einer Zeitenwende stehen. Als äußeres für diese Wende charakteristisches Kennzeichen wird bei allen differenzierten Urteilen immer wieder der Hinweis auf die steigende Bedeutung der Naturwissenschaften und der Technik anzutreffen sein. Es liegt in der Natur des Menschen, daß er zu jeder Zeit von Problemen erfüllt ist. Das heißt aber noch nicht, daß der Grad der subjektiven Bedeutung des Problems, das subjektive Erfülltsein von ihm, seiner weltgeschichtlich-objektiven Tragweite entspricht. Es kommt darauf an, daß wir uns über die Tiefe und Weite unserer geschichtlichen Zäsur klar werden und sie an den übrigen Zäsuren messen. Darüber kann nur eine umfassende historische Schau belehren.

Die jüngsten Ereignisse haben uns gezeigt, zu welcher entscheidenden Kraftquelle die Naturwissenschaft und die Technik in der Geschichte der Völker und Staaten emporgestiegen sind.

Naturwissenschaft und Technik gab es — wenn wir uns vom modernen Maßstab nicht blenden lassen wollen — zu jeder Zeit. Zu jeder Zeit hat man durch Beobachtung von Naturvorgängen Erfahrungen gesammelt und sie dem Leben nutzbar zu machen versucht. Dieses Vermögen hat die Natur dem Menschen zum Ausgleich für seine biologische Hilflosigkeit verliehen; ist er doch, von der Welt der anderen Lebewesen her gesehen, das hilfloseste aller Geschöpfe. Es sieht so aus, als ob der Mensch von der Natur so geschaffen worden ist, daß die Werkzeuge, die er selber hervorzubringen hat, unlöslich mit seinem Wesen verbunden sind. Seitdem der Mensch den ersten Stein oder das erste Stück Holz als Werkzeug in die Hand genommen hat, ist er darauf bedacht, das Werkzeug fähig zu machen, seinem Denken und Wollen zu dienen. So hat er in jahrtausendelanger Arbeit das primitive Werkzeug, das er im rohen Stein zur Abwehr seines Feindes, zum Zerschlagen einer Frucht, zum Abklopfen eines Baumes ergriffen hatte, zum vollkommensten Werk-

1.

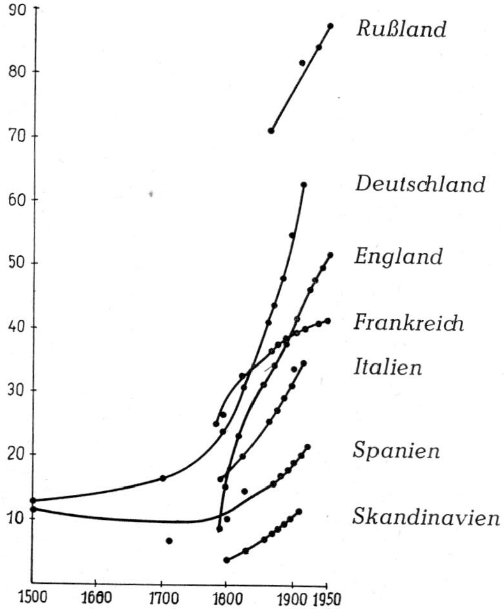

2.

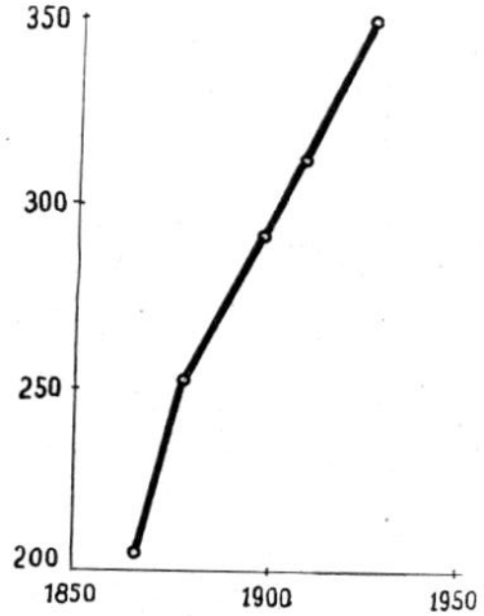

3.

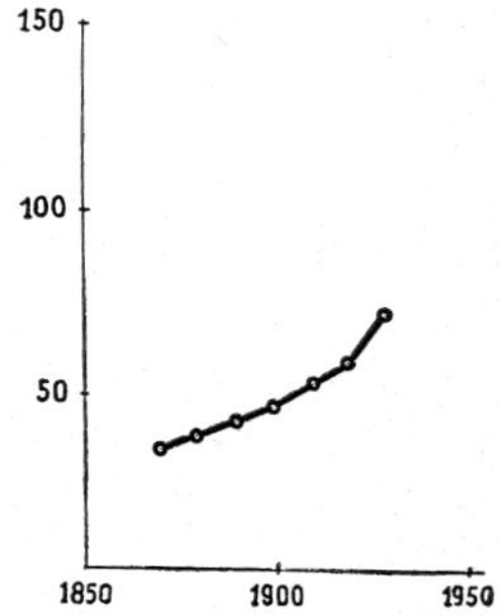

Taf. I Bevölkerungszuwachs in Millionen: *1. europäischer Staaten von 1500—1940*
2. in Britisch Indien von 1870—1930
3. in Japan von 1870—1930

zeug entwickelt, zum Ferngeschütz, zur hydraulischen Presse, zum Elektronenmikroskop.

Durch die Herstellung von Werkzeugen und Geräten hat der Mensch nicht nur augenblicklichen Nöten und Bedürfnissen gedient, sondern auch neue Situationen geschaffen. Auf Grund der Werkzeuge, die der Mensch hervorgebracht hat, gliedert man die Kulturgeschichte der Menschheit in die Alt- und Jungsteinzeit, in die Bronzezeit und in die Eisenzeit. Mit dem Einsatz von Werkzeugen hängen auch die Wirtschaftsstufen zusammen, welche die Menschen hervorgebracht haben: die werkzeuglose Sammelwirtschaft; den sich des Pflanzstocks bedienenden Pflanzstockbau, die primitivste Form des Ackerbaues; den Grabstockbau, der einen Keil, einen kegelförmig zugespitzten und aus Hartholz gefertigten Grabstock zur Auflockerung des Bodens verwendet; den Hackenpflugbau, der die von gezähmten Haustieren gezogene Hacke eingeführt hat; den Räderpflugbau, der die Erfindung des Wagens voraussetzt und sich des Eisens als Baumaterials bedient.

Es hatte die größten welthistorischen Auswirkungen, als der primitive Mensch den Feuerquirl erfand. Er setzte sich durch ihn in den dauernden Besitz des Feuers, das ihm völlig neue Lebens- und Wirkungsmöglichkeiten eröffnete, indem es ihm Waffen, Gebrauchsgegenstände aus Metall zu schmieden erlaubte und ihn durch die geheizte Stube in den Stand setzte, geographische Gebiete dem menschlichen Leben zu öffnen, die er bis dahin wegen ihrer Kälte hatte meiden müssen. Die Anwendung des Hebels, der Rolle, des Keiles, der schiefen Ebene befähigte ihn, gewaltige Steinmassen zu bewegen, wie es z. B. die alten Baudenkmale der alten Ägypter, Assyrer, Inder und Mexikaner noch heute bezeugen. Daneben wußte er sich auch des Druckes des Windes, der Schwere des Wassers, der Spannkraft elastischer Körper zu bedienen und sie zur Entlastung menschlicher und tierischer Muskelkräfte einzusetzen. Von der frühesten Epoche menschlichen Lebens an zieht sich durch die Jahrtausende eine Linie aufsteigender technischer Entwicklung, die in der Kultur Altgriechenlands und Roms einen ersten Höhepunkt erreichte. Dem 4. Jahrhundert n. Chr. folgte ein Jahrtausend ohne auffälliges technisches Schaffen. Von den einzelnen Neuerungen, die aus dieser Zeit berichtet werden, geht keine gesellschafts-, staats- oder kulturumbildende

Kraft aus. Erfindungen von lebenumwälzender Kraft erscheinen erst wieder mit der Entdeckung des Schießpulvers.

Daß die technische Entwicklung, die mit den Entdeckungen des 15. und 16. Jahrhunderts einsetzte, dem Menschen neue Lebensbereiche erschloß, gehört in ihre äußere Geschichte. In dieser Zeit bahnt sich aber auch ein Wandel in der inneren Geschichte der Technik an, und zwar dadurch, daß die Technik in den Stand gesetzt wird, in einem bis dahin unbekannten Maße über Einsichten in die Natur zu verfügen. Jahrtausendelang quälte sich der Mensch in seinem Ringen um Geräte und Werkzeuge in unmittelbarer Berührung mit dem Holz, mit dem Stein, mit dem Metall ab, bis das Licht des Gedankens in die Tiefe des Stoffes und der Naturzusammenhänge hineinleuchtete. Es offenbarte dem Menschen Kräfte, die ihm bis dahin verschlossen waren, und setzte ihn in den Stand, diese Kräfte unter seinen Willen zu zwingen und das Zeitalter vorzubereiten, das durch die Herrschaft der Maschine gekennzeichnet ist.

Für diese große Wende waren die geistigen Schöpfungen eines Kopernikus, Leonardo da Vinci, Nicolaus Cusanus, Regiomontanus Vorbedingungen, die wohl in der Zeit der sogenannten Renaissance entstanden waren, mit ihren Wurzeln jedoch nicht in die antike Überlieferung zurückreichen, sondern einem neuen, eigenartigen Lebensgefühl entquollen sind. In Fortsetzung des Begonnenen sprachen in der zweiten Hälfte des 16. Jahrhunderts Forscher wie Galilei, Agricola, Vesatius, Tartaglia, Fabricius, Merkator bahnbrechende wissenschaftliche Gedanken aus, die Gemeingut immer weiterer Kreise tätiger Menschen wurden, und nach denen sich die Technik immer stärker umzugestalten begann. Dieses Streben, die Naturgesetzlichkeit der Welt begrifflich zu durchdringen, fand im 17. Jahrhundert seine Fortsetzung in Männern wie Harvey, Napier, Pascal, Huygens, Guericke, Torricelli, Bayle, Newton. Sie dienten der reinen Erkenntnis, ohne sich in Überlegungen zu verlieren, wie ihre Entdeckungen nutzbringend angewandt werden könnten. Was diesen Männern fern lag, das bewirkten andere, wie z. B. Bacon, deren Denken in der Überzeugung wurzelte, daß die Naturlehre nicht zum wenigsten der Nützlichkeit halber die Mutter der Wissenschaften sei, indem sie nämlich durch neue Erfindungen das Wohl des Menschen am stärksten zu fördern vermöge. So hat selbst ein Leibniz in seiner Denkschrift über die Sozietät der Wissenschaften in Berlin verlangt, die Theorie mit der Praxis zu verbinden, und „nicht allein die Künste und Wissenschaften, sondern auch Land und Leute, Feldbau, Manufakturen und Commercien, mit einem Wort Nahrungsmittel, zu verbessern."

Das Zeitalter der modernen Technik brach aber auch jetzt noch nicht an. Von der modernen Technik her gesehen, war das 18. Jahrhundert eine Zeit des Vorfühlens und Vortastens. Die eigentliche Wende trat ein, als es gelang, die Dampfenergie als Kraft wirksam zu machen und sie vor die Werkmaschinen zu spannen, die bisher mit Menschen und Tieren betrieben wurden. Die Einführung der Dampfkraft und später der elektrischen und der Explosionskraft in die Technik gab dann die Möglichkeit, über ungeahnte Energiequellen zu verfügen.

Wenn wir das äußere Bild der Menschheit des 19. und 20. Jahrhunderts mit dem des 18. Jahrhunderts vergleichen, so treten uns grundlegende Unterschiede in dreifacher Richtung entgegen: 1. in Bezug auf die Anzahl der Menschen (Siehe Taf. I); 2. in Bezug auf die Größe des in Anspruch genommenen Raumes; 3. in Bezug auf die Entstehung gewaltiger Siedlungszentren, wie wir sie in den Großstädten vor uns sehen.
Das auffallendste Merkmal im äußeren Bilde der heutigen Menschheit, verglichen mit den anderen Epochen, sind wohl die riesigen Siedlungszentren. Diese Zusammenballung wird besonders sichtbar, wenn wir die einstige der jetzigen Bevölkerungszahl einiger Weltstädte gegenüberstellen.

Bevölkerung

In:	Im Jahre:	Mill.:	Im Jahre:	Mill.:
Gr. London	1801	0,959	1938	8,7
Gr. New York	1800	0,061	1933	11,0
Gr. Paris	1800	0,548	1936	4,9
Gr. Berlin	1801	0,173	1939	4,3
Wien	1800	0,231	1939	1,9
Buenos Aires	1800	0,040	1938	2,5
Rio	1800	0,043	1937	1,6
Moskau	1800	0,250	1939	4,1
Chikago	1850	0,030	1940	3,4
Tokio	um 1850	1,5	1938	6,5

Das Bild der aus diesen Zahlen sichtbaren Bevölkerungsbewegung wird durch einen Vergleich zwischen Stadt- und Landbevölkerung ergänzt. Z. B. von den 44,01 Millionen Einwohnern des Deutschen Reiches im Jahre 1871 wohnten 26,22 Millionen (63,9 v. H.) in Siedlungen bis zu 2000 Einwohnern und nur 1,97 Millionen (4,8 v. H.) in Städten von über 100 000 Einwohnern. Im Jahre 1925 dagegen lebten bei einer Bevölkerung von ca. 63 Millionen 22,23 Millionen (35,6 v. H.) in Siedlungen bis zu 2000 Einwohnern, aber 16,62 Millionen (26,7 v. H.) in Städten von über 100 000 Einwohnern. Diese Bevölkerungsbewegung zeigt, daß das Wachstum der Städte eine Sonderentwicklung und nicht eine Parallelentwicklung zur Landbevölkerung darstellt; die Stadtbevölkerung ist auf Kosten der Landbevölkerung gestiegen. Hat in Deutschland die Bevölkerung der Siedlungen bis zu 2000 Einwohnern bei einer Gesamtbevölkerung von rund 41 Millionen im Jahre 1871 rund 26 Mill. betragen, so im Jahre 1925 bei einer Gesamtbevölkerung von rund 62 Millionen bloß 22 Millionen. Wie war das möglich? Eine Erklärung finden wir in der technischen und industriellen Ausgestaltung der Wirtschaft.

Der moderne Verkehr hat die Produktionsstätten unabhängig gemacht vom Ort der Rohstoffgewinnung und von der Notwendigkeit, die Menschen in nächster Nähe der Nährfläche wohnen zu lassen. Die Technik hat nicht nur durch Schaffung eines leistungsfähigen Verkehrs die Existenz von zahlreichen Millionenstädten ermöglicht, sie hat auch eine ungeahnte Steigerung der Produktionsmöglichkeiten bewirkt. Ein Beispiel für diese Vorgänge stellt der Baumwollanbau in Nordamerika dar. In der Kolonialzeit hatte man in den Südstaaten Nordamerikas nur wenig Baumwolle gepflanzt und sie wurde für den Verbrauch der unteren Volksschichten verarbeitet. Eine Entfaltung dieses Wirtschaftszweiges scheiterte an der Kostspieligkeit der Bearbeitungsweise. Die Reinigung des Felderzeugnisses von Fasern, Blättchen, Samenkörnern war so umständlich, daß ein Sklave nicht mehr als 1 Pfund am Tage verarbeitete. Die technische Erfindung der Cotton-Gin brachte eine Revolution auf dem Gebiete der Baumwollerzeugung hervor, indem bei Wasserantrieb mit einer Cotton-Gin 1000 Pfund an einem Tage gereinigt werden konnten. Die Folge war ein sprunghafter Aufstieg der Baumwollproduktion. Während die Vereinigten Staaten im Jahre 1790

4000 Ballen Baumwolle zu je 500 Pfund produziert hatten, so stellten sie um das Jahr 1800 bereits 73 222 und um das Jahr 1860 3 841 416 Ballen her.

Wie dieser Vorgang vom Standpunkt der Lebensgestaltung zu beurteilen ist, sieht man an den Auswirkungen, die er auf die Wirtschaft gehabt hat. Von der Verarbeitung der Baumwolle nahm die industrielle Revolution (Spinnstuhl und Webstuhl) ihren Anfang. Im Jahre 1781 kamen 13 000 Ballen Baumwolle von den amerikanischen Plantagen nach Europa. Im Jahre 1820 waren es bereits 570 000 und 1860 sogar 3,84 Millionen Ballen, die von den englischen Schiffen hauptsächlich nach Liverpool gebracht wurden. Heute stellt die Baumwolle mehr als die Hälfte an Menge und Wert von allen Faserstoffen dar, die wir Menschen für unsere Bekleidung gebrauchen.

Durch den Einsatz neuer Produktions- und Verkehrsmittel hat sich eine tiefe Veränderung in der Ausbreitung der Menschen über den Erdball vollzogen. Dieser Feststellung wollen wir folgendes Zahlenbild zugrunde legen:

Der prozentuale Anteil an der Menschheit:[1])

für: im Jahr:	1933	1900	1850	1800	1750	1650
Europa	25,2	24,9	22,7	20,7	19,2	18,3
Nord-Amerika	6,7	5,1	2,3	0,7	0,1	0,2
Mittel- und Südamerika .	6,1	3,9	2,8	2,1	1,5	2,2
Ozeanien	0,5	0,4	0,2	0,2	0,3	0,4
Afrika	7,—	7,4	8,1	9,9	13,1	18,3
Asien	54,5	58,8	63,9	66,4	65,8	60,6

Diese Aufstellung zeigt, wie sich in der Zeit vom 18. zum 19. und 20. Jahrhundert der Grad der Besiedlung der einzelnen Erdteile verschoben hat. Besondere Aufmerksamkeit lenken die amerikanischen Kontinente auf sich, deren siedlungsmäßige Durchdringung im 19. und 20. Jahrhundert auf ein Vielfaches gegenüber dem 19. Jahrhundert gestiegen ist. Der Vorgang, der sich dahinter verbirgt, tritt in seiner Bedeutung für die gegenwärtige Weltlage erst ans rechte Licht, wenn wir

---

[1]) Adolf Weber: Die neue Weltwirtschaft, München: Richard Pflaum, 1947, S. 24.

berücksichtigen, daß sich diese Veränderungen durch den europäischen Menschen und zu seinen Gunsten vollzogen haben. Die Welt ist in der Zeit vom 18. bis zum 20. Jahrhundert nicht nur europäischer Lebens-, sondern in hohem Maße auch europäischer Siedlungsraum geworden.

Für das Verständnis des äußeren Menschheitsbildes des 19. und 20. Jahrhunderts muß noch ein Drittes in Betracht gezogen werden: das ungeheure Wachstum der Bevölkerung der Welt. In der Mitte des 17. Jahrhunderts schätzte man diese auf 545 Millionen Menschen, im Jahre 1950 auf rund 2250 Millionen. Das richtige Verständnis für diese Entwicklung jedoch gewinnen wir erst, wenn wir einige Vergleichszahlen heranziehen. Nach den Schätzungen A. Fischers betrug die Bevölkerung der Welt zu Beginn unserer Zeitrechnung etwa 200 Millionen Menschen und im Jahre 1800 etwa 775 Millionen. Stieg also die Bevölkerungszahl der Welt vom Beginn unserer Zeitrechnung bis zum Jahre 1800, also in rund 1800 Jahren auf das Vierfache, so in der zwölffach kürzeren Zeit von 1800 bis 1950 (150 Jahre) etwa auf das Dreifache. Diese ungeheure Bevölkerungssteigerung begann in der Mitte des 18. Jahrhunderts und steigerte sich so auffällig, daß sie Gegenstand besorgter Überlegungen wurde. Den klassischen Ausdruck hierfür fand der schottische Geistliche Robert Malthus (1766—1834) mit seinem 1798 erschienenen Werk „Versuch über das Bevölkerungsgesetz (Essay on the Principles of Population)". Er kommt darin zu dem Ergebnis, daß das Wachstum der Bevölkerung und die Vermehrungsmöglichkeiten der Unterhaltsmittel nicht in Einklang stünden, daß die Menschheit die Tendenz habe, sich in einer geometrischen Reihe zu vermehren, die Unterhaltsmittel dagegen nur in einer arithmetischen. Demzufolge erscheine die Not gleichsam als eine naturgegebene Tatsache; die Natur habe für diejenigen, die „zuviel" seien, „kein Kuvert auf ihrem Tisch bereitgelegt", und sie säume nicht, diese Gäste, für die kein Platz sei, gewaltsam zu entfernen. Wenn das nicht geschehen ist, so verdanken wir das den Produktions- und Verkehrsmitteln, die uns die moderne Naturwissenschaft und Technik zur Verfügung gestellt haben. Sie haben es ermöglicht, daß sich die Raschheit der Bevölkerungszunahme im 20. Jahrhundert noch steigern konnte. Nach den Berechnungen A. Fischers betrug das durchschnittliche natürliche Wachstum der Bevölkerung in der Zeit von 1800—1850 6,5 ‰, für Anfang 1900 7,6 ‰ und für die Mitte des Jahres 1914 10,5 ‰.

Die Naturwissenschaften und die Technik wirkten auf die Bevölkerungszunahme nicht nur durch die Verbesserung der Lebensbedingungen ein, sondern auch durch Verbesserung der ärztlichen Kunst, der Hygiene, der Wohn- und Arbeitsverhältnisse. Daß sie die Menschen in gesteigertem Maße vor Krankheiten schützten, kam vor allem in der Herabdrückung der Kindersterblichkeit zum Ausdruck. Diese Errungenschaften der Naturwissenschaften und der Technik blieben auch den primitiven Völkern nicht vorenthalten. Auch dort half kluge Voraussicht Seuchen einzudämmen. Eine der größten lebenschützenden Wirkungen bot die Technik in der Ausbildung des Verkehrs, der es erlaubte, nicht nur in Europa, sondern auch in der übrigen Welt schnell bei Gefahren der Hungersnot rettend einzugreifen. Wir werden das zu würdigen wissen, wenn wir beachten, daß z. B. Rußland in der Zeit vor dem ersten Weltkriege trotz seines großen Nahrungsmittelreichtums Hungersnöte erlebte. Dort reichten die Transportmittel nicht aus, um die Nahrungsmittel zur rechten Zeit und in genügender Menge aus den Gebieten des Nahrungsmittelüberflusses in die Notstandsgebiete zu bringen.

Um über die Gründe des Bevölkerungszuwachses Klarheit zu gewinnen, muß man folgendes beachten:

Einerseits kann die entscheidende Bedeutung der Naturwissenschaften und der Technik für das Wachstum der Bevölkerung nicht übersehen werden, doch darf andererseits die Sache nicht so dargestellt werden, als ob die durch Naturwissenschaften und Technik geschaffenen neuen Lebensmöglichkeiten nun die Ursache für das Wachstum der Bevölkerung gewesen wären. Daß dem nicht so ist, daß vielmehr der Vermehrungswille seine unabhängige Wurzel hat, erkennt man an dem relativen Geburtenrückgang bei den führenden Kulturvölkern. Er hat schon in den achtziger Jahren des vorigen Jahrhunderts eingesetzt, also zu einer Zeit als sich die äußeren Lebensbedingungen der Massen noch ständig besserten. Die durch die Naturwissenschaften und die Technik geschaffenen Lebensbedingungen haben den Vermehrungswillen nicht erzeugt, wohl aber ihm die Hemmnisse genommen.

Durch die Mitwirkung der Naturwissenschaften und der Technik hat sich nicht nur die Bevölkerung der Welt vergrößert, die Siedlungsweise durch die Großstädte geändert, haben sich nicht nur durch die Verlagerung der

Besiedelung neue Siedlungsschwerpunkte herausgebildet, sondern gewandelt hat sich auch die innere Struktur der Menschheit. Durch den Einbruch der Naturwissenschaften und der Technik in unser Leben ist unser Verhältnis zu den Menschen und den Dingen ein anderes geworden. Die sozialen Beziehungen sind in neue Spannungsverhältnisse getreten, wirtschaftliche Erfordernisse haben neue Wirtschaftsbeziehungen geflochten und das System der politischen Weltmächte hat neue Gestalt gewonnen. Auf allen Gebieten haben sich Revolutionen vollzogen: In der Philosophie ging man den Weg vom Idealismus zum Positivismus, in der Kunst und Literatur wurde der Naturalismus vorherrschend, es entstanden radikale soziologische Theorien. Die sozialen Spannungen haben zu politischen und wirtschaftlichen Umwälzungen geführt, deren folgenreichstes Ergebnis heute der Bolschewismus ist. Auf wirtschaftlichem Gebiete hat sich das System der sogenannten Weltwirtschaft herausgebildet und es sind Gedanken von der „unteilbaren Welt" lebendig geworden. In der Politik steht heute die Frage der einheitlichen Ordnung der Welt zur Diskussion.

II. Verkehrstechnik und Verkehrssysteme im geschichtlichen Geschehen

1. Drei Verkehrssysteme — drei Zeitalter

Wenn wir selber in diese Diskussion miteingreifen, so wollen wir gemäß der Aufgabe, die wir uns gestellt haben, nicht vergessen, auch hier das Problem der Naturwissenschaften und der Technik ins Auge zu fassen.

Nachdem es uns zum Bewußtsein gekommen ist, daß die Naturwissenschaften und die Technik unser Leben mitgestalten, müssen wir daran denken, daß sie auch weiterhin an ihm mitwirken werden und daß wir gewisse Bewegungen und Lebenslagen nur werden begreifen können, wenn wir sie in der Sicht der Naturwissenschaften und der Technik im Auge behalten. In diesem Zusammenhang werden wir erkennen, daß für die Bewältigung der Probleme unserer Zeit die Bedeutung der Macht-, Versorgungs- und Verkehrsmittel besonders in den Vordergrund tritt. Und von diesen dreien nimmt wiederum der Verkehr eine besondere Stellung ein. Erst der Verkehr bringt Zusammenhänge in eine Welt unabhängig voneinander bestehender Dinge und Menschen, erst der Verkehr ist es, über den eine Lebensordnung in einen Raum hinausgetragen werden kann, über den die Völker ihre wirtschaftliche und politische Ordnung aufrechtzuerhalten vermögen. In geschichtlicher Sicht erscheinen die Verkehrssysteme als „Mitgestalter" der Weltgeschichte.

Werfen wir einen Blick auf die Mittel, die heute zur Bewältigung des Verkehrs zur Verfügung stehen, so ist festzustellen, daß sie von der Schulter des Lastträgers und dem ausgehöhlten Baumstamm bis zur modernsten Turbinenlokomotive, zum Motorschiff und zum Düsenflugzeug reichen. Es sind Vertreter aller Epochen der Menschheitsgeschichte am Werk — angefangen von denen der Steinzeit bis zu denen unseres

Zeitalters der Naturwissenschaften und der Technik. Diese ineinandergreifende Wirksamkeit können wir in ihrer ganzen Bedeutung nur verstehen, wenn wir die historischen Schichten voneinander abheben.

Wie bereits gesagt, ist der Verkehr das Mittel, um ursprünglich Getrenntes in Verbindung zu bringen. Von den Mitteln des Verkehrs hängt es ab, wie weit der Aktionsradius eines Willens reichen kann. Ein Überblick über die Weltgeschichte lehrt, daß sich im Verkehr drei Bereiche voneinander abheben: der terrestrische, der maritime und der atmosphärische. Suchen wir nach Beziehungen zwischen diesen Bereichen, so stellen wir fest, daß keiner von ihnen jemals ausschließlich allein geherrscht hat. Diese drei Bereiche standen und stehen in einem zeitlich-räumlichen Neben- und Nacheinander, wobei zu beachten ist, daß jeder der Bereiche seine eigene Entwicklung gehabt hat, so durch Verwendung verschiedener Energiequellen und durch Herausbildung verschiedener Fahrzeuge. Fragen wir aber nicht nach dem Nebeneinander, sondern nach der Vorherrschaft des einen oder anderen Systems, dann gliedert sich uns die Weltgeschichte als Ganzes gesehen in drei große Zeitalter: in das kontinentale, in das ozeanische und in das atmosphärische. Die Verkehrstechnik gestattet es, ein bestimmtes Verkehrssystem zu entfalten, das seine eigene Zwangsläufigkeit, Wirkung und Begrenzung hat. Dieser Wille ist ein machtpolitischer, ein wirtschaftlicher oder kultureller, je nach Art und Anlage des Willensträgers und der historischen Situation, in der er wirksam wird. Das Verkehrssystem ist durchpulst von politischen Willenskräften, durchströmt von Gütern materieller und geistiger Art, verankert und genährt von einem Netz politischer, wirtschaftlicher und kultureller Zentren und es erscheint zunächst als ein technisches System. Aber es bildet sich zu einer höheren Ordnung des bewegten Völkerlebens, das von einer besonderen Idee in Politik und Staat, Kultur und Wirtschaft, Sitte und Recht erfaßt wird und zur eigenartigen Formung gelangt.

In solchem Verkehrssystem steigen Staaten und Kulturen auf, sie vergehen und werden von anderen abgelöst. Völker erscheinen und verschwinden — die Verkehrssysteme reichen über die Zeiten hinweg und werden so zum Mitgestalter des historischen Geschehens.

Hinter einer solchen Organisation liegt noch mehr als das Obengesagte. In ihr wirkt die den Verkehr betreffende Idee des Zeitalters, z. B. die Idee des ozeanischen Zeitalters: die Beherrschung der Ozeane, d. h. der ozeanischen Verbindungsstraßen. Das Werkzeug dazu ist eben das ozeanische Verkehrssystem.

2. *Das kontinentale Zeitalter*

Die erste Epoche der Menschheitsgeschichte vollzog sich mit dem Blick über die Kontinente. Was dem Menschen in seinem Drange, in den Raum hinauszuwirken und Entfernungen zu überwinden, zunächst zu Gebote stand, war das, was er in seinem eigenen Körper an Kräften und Fähigkeiten vorfand. Mit diesen bewegt er sich und seine Lasten über Boden und Wasserflächen. Eine Erweiterung seines Kräftebereiches fand statt, als es ihm gelang, die körperlichen Kräfte mit den technischen Elementen des Rollens (über den Erdboden) und des Gleitens (über die Wasserfläche) zu verbinden sowie ferner die Kräfte des Tieres und des Windes in seinen Dienst zu stellen. Von grundlegender Bedeutung sollte die Zähmung des Pferdes werden, die den Menschen in den Stand gesetzt hat, weiter Strecken Herr zu werden.

So gering diese technischen Tatsachen an sich uns heute erscheinen mögen, so boten sie doch für ihre Zeit die Voraussetzungen für grundlegende Veränderungen im weltgeschichtlichen Bilde der Menschheit. Die ersten Hochkulturen des alten Kontinentblockes entstanden in der Enge abgegrenzter Stromgebiete. Die sumerisch-babylonische Kultur im Stromgebiet des Euphrat und Tigris, die ägyptische am Niel, die vorarische Kultur Indiens am Indus, die archaisch-chinesische am Hoangho. Die Welt änderte sich förmlich mit einem Schlage, als die Völker, die das Pferd gezüchtet hatten, in Streitwagen und auf dem Rücken ihrer Pferde in den Erdraum hinausstießen und sich die alten Hochkulturen unterwarfen.

Die indo-europäischen Reitervölker, die diese Geschichtswende vollzogen, erreichten am Ende des 3. Jahrtausends v. Chr. Europa und das Mittelmeer. Ein neuer Vorstoß setzte um 1200 ein; und dieser reichte bis nach Iran und Indien. Ende des 2. Jahrtausends erschienen Reitervölker auch in China. Damit ist auf dem Rücken des Pferdes vom europäisch-asiatischen Steppengürtel aus erstmalig die alte Welt als Ganzes erfaßt worden. Die weitere kulturelle Entwicklung vollzog sich in den natürlich gegebenen Räumen der Erde: im ostasiatischen, indischen und im europäischen, der über die in ihm lebendigen historischen Auwirkungen an den ostasiatischen und indischen heranreicht.

Diese drei Räume wurden die Siedlungsräume der Welt, in denen sich die Menschheit zusammenballte und ihre kulturellen, wirtschaftlichen und technischen Werke schuf. Diese Tatsache ist im Laufe der Geschichte grundsätzlich bestehen geblieben, wenn auch in den einzelnen Räumen und ihrem Verhältnis zueinander noch so große Veränderungen vor sich gegangen sind.

Obgleich sich die kulturelle und wirtschaftliche Schöpferkraft der Menschheit auf diese drei Siedlungsräume zurückzog, konnte die durch die Reitervölker bezeugte Tatsache des Zusammenhangs der Räume untereinander nicht vergessen werden. Aus der inneren Durchdringung der Räume und ihren Berührungen miteinander entstand allmählich ein Netz von Wegen, auf denen sich die verschiedensten Verbindungen knüpften und wieder lösten und über die auch die politischen Energien zur Auswirkung kamen. Es ist grandios, was die Menschen hier mit ihren primitiven Mitteln erreicht haben. Sie schufen Machtsysteme von einer Spannkraft, die über Tausende von Kilometern reichte.

Die spannungsreichste Dynamik politischer und kultureller Kräfte vollzog sich jedoch im Raume zwischen dem Atlantischen und dem Indischen Ozean. In diesem Raume folgten im Laufe der Geschichte die großen politischen Systeme der Meder und Perser, der Griechen (Alexander der Große), der Skythen, Sarmaten, der Römer und Parther. Ein frühes Dokument für das Bewußtsein dieser Tatsache ist die Weltkarte des Herodot.

Die Mittel, die in der Kraft des Pferdes und im technischen Element des Rollens enthalten sind, kamen zu möglichst hoher Auswirkung, als man Straßensysteme schuf wie die persische Reichsstraße, das römische Straßensystem, die Postverbindungen des Mongolischen Reiches. Um eine Vorstellung von der technischen Leistung und politischen Wirksamkeit des römischen Straßensystems zu gewinnen, wollen wir uns einige Tatsachen vergegenwärtigen. Die römischen Straßen schlossen den Raum vom Atlantischen Ozean bis zum Euphrat und dem Kaspischen Meer, vom Piktenwall Hadrians bis zu dem südlich des Wendekreises in Ägypten liegenden Hierasycaminos zu einem geschlossenen Verkehrssystem mit Rom als Mittelpunkt zusammen und hatten eine Länge von rund 75 000 Kilometern. Auf diesen Straßen vermochten römische Kurierwagen in 24 Stunden 370 km zurückzulegen (15,4 km pro Stunde).

Dem römischen Straßensystem stellen wir einige Vergleichszahlen aus der neueren Geschichte gegenüber. Ende des 17. Jahrhunderts legte man in Frankreich mit dem Wagen im Personenverkehr in der Stunde 2,2 km zurück. Mit der langsamen Verbesserung der Straßen konnte die Geschwindigkeit allmählich gesteigert werden; Ende des 18. Jahrhunderts auf 3,4 km, 1814 auf 4,3 km, 1830 auf 6,5 km, 1847 auf 9,5 km und zuletzt auf den besten Linien auf 12,0 km. An 6 Stellen überquerten die römischen Straßen die Alpen und nahmen diesem Gebirge die Kraft des unüberwindlichen Hindernisses. Wie sehr das römische Straßensystem Ausdruck eines politischen Willens gewesen ist, folgt aus der Tatsache, daß es für den Warenverkehr nur geringe Bedeutung hatte. Der römische Frachtwagen war geradezu primitiv, der große Warenverkehr wickelte sich zur See ab. Die Leistung dieses Verkehrs kann nicht übersehen werden, weder bei den Römern noch bei den Phoenikern. Wenn man auch gewaltige Strecken zur See durchmaß und große Lasten bewegte, wenn die Phoenikier und Griechen bis in den Atlantischen Ozean vordrangen, so prägten diese Bewegungen doch nicht die politische Struktur der alten Welt. Nicht auf dem Meere, sondern zu Lande war das Römische Reich erobert worden, das den Raum des Mittelländischen Meeres zu einer politischen, wirtschaftlichen und kulturellen Einheit zusammenschloß. Und wo man zur See fuhr, erschien dieser Kampf nur als ein verlängerter Arm der Kampfweise zu Lande. Die machtpolitische Dynamik lag in der Landstraße, und das Straßensystem war so sehr Ausdruck römischen Macht- und Ordnungswillens, daß nach dem Zusammenbruch des Reiches seine Straßen zugrundegingen.

Vom Standpunkt der Technik her bildete die Zeit Altgriechenlands und Roms — wie bereits gesagt — einen Höhepunkt. Die Zeit nach dem Zusammenbruch des Römischen Reiches brachte bis zur Renaissance nichts an technischen Neuerungen, was von sich aus die Gestalt der

Geschichte grundsätzlich umzuändern vermocht hätte. Die Einbeziehung Mittel- und Osteuropas in das große politische Geschehen, das Wirken des Byzantinischen Reiches, des Mongolischen Reiches vollzogen sich im Leistungsbereich der überlieferten technischen Mittel. Im Zuge derselben Entwicklung weitete sich der geistige Horizont des europäischen Menschen über den ost- und südostasiatischen Raum. Trotz der primitiven Reisemöglichkeiten dieser Zeit wußte der Mensch Europas auch den unmittelbaren Kontakt mit den übrigen Siedlungsräumen der alten Welt aufrechtzuerhalten.

Auch die maritimen Systeme, z. B. die Herrschaft der Venezianer, Genueser, der Hanseaten, vermochten nicht der europäischen Geschichte den kontinentalen Charakter zu nehmen. Sie blieben im Dienste des kontinentalen Systems, modifizierten es wohl, ohne jedoch sich ihm gegenüber struktuell durchzusetzen. Ein auf dem maritimen Prinzip aufgebautes politisches System kam erst mit dem ozeanischen Zeitalter zur Herrschaft.

Obgleich die Siedlungsräume der Alten Welt durch den Reiter in Zusammenhang gebracht wurden, waren doch auch Kräfte am Werk, die eine Abgrenzung von Teilräumen förderten. So lagen der ostasiatische Raum (China) und südostasiatische (Indien) abgeschlossen gegenüber der übrigen Welt. Die Kräfte und Mittel reichten wohl aus, die Gebirgswälle in einem einmaligen Vorstoß zu übersteigen und das Land zu unterwerfen, nicht aber, um es dauernd von außen her in Gewalt zu behalten. Eine Abgrenzung wird im Laufe der Geschichte auch im Raume zwischen dem Atlantischen Ozean und Indien sichtbar, ohne daß eine so deutliche Naturlinie zu erkennen wäre wie die natürlichen Hindernisse, die den ostasiatischen und südostasiatischen Raum voneinander abgrenzen. Die Aufeinanderfolge der großen Reiche zwischen dem Atlantischen und Indischen Ozean zeigt, daß die politische Initiative bald vom Osten (Meder, Perser, Parther), bald vom Westen ausging (Römisches Reich, Byzantinisches Reich, die Kreuzzüge, Venezianer, Genueser).

Keines der Machtbereiche reichte über den ganzen Raum. Es gab aber einen Raumabschnitt, in welchem sich die vom Osten und Westen herkommenden Machtgebilde überdeckten. Die Mittellinie, in der sich die Ost-West-Grenze immer wieder bildete, ist ungefähr von der Südwestecke des Kaspischen Meeres zur Nordostecke des Mittelländischen Meeres zu ziehen. Suchen wir nach den Gründen dieser Grenzabsetzungskräfte, so dürfen wir auch in dieser Tatsache Kräfte vermuten, die im Bereich der technischen Möglichkeiten lagen. Die Mittel, die auf der Westseite (vorwiegend agrarischem Gebiet) zur Verfügung standen, waren so geartet, daß sie sich mit jenen auf der Ostseite (vorwiegend Steppengebiet) die Waage hielten. Sie erlauben sich wohl gegenseitig, in die Grenzabschnitte einzubrechen, aber nicht das ganze dahinterliegende Land auf die Dauer in Besitz zu nehmen.

In diesen Grenzraum fallen auch die kulturellen Grenzen, so z. B im 5. Jh. die Grenze zwischen dem diphysitischen und monophysitischen Christentum sowie einige Jahrhunderte später zwischen dem Christentum und dem Islam. So setzt sich Europa von dem übrigen Kontinent an einer Stelle ab, wo die dem europäischen Menschen zur Verfügung stehenden Mittel und Kräfte die Grenze ihrer Wirksamkeit gefunden zu haben schienen.

3. Das ozeanische Zeitalter

Ein Jahrtausend hindurch, seit dem Niedergang des Römischen Reiches bis zur Renaissance, ruhte der Erfindergeist, und alle die großen geschichtlichen Änderungen dieser Zeit vollzogen sich mit Hilfe des alten technischen Gutes. An der Schwelle der Neuzeit stehen drei Tatsachen, die der kommenden Entwicklung ihr Gepräge gegeben haben: die Entdeckung des Schießpulvers, die Erfindung der Buchdruckerpresse und die Entdeckung der Übersee. Jede der drei Tatsachen wirkte in eigener Weise auf die folgende Zeit. Die Einführung des Schießpulvers in die Kriegsführung prägte nicht nur eine neue Kampfweise, sondern beschleunigte auch die Ablösung der alten ritterlichen Gesellschaftsordnung. Das neue Buchdruckverfahren riß den Menschen in den Bann des mittelbar gesprochenen Wortes, der Bildung, der Aufklärung und der Agitation und stellte die Geschichte auf einen breiteren Boden teilnehmender Menschen. Die Entdeckung der Übersee brachte die Menschen mit neuen Erdräumen in Zusammenhang. Während die Einführung des Schießpulvers und die Buchdruckpresse bereits vorhandene Entwicklungsströme steigerten und förderten, leiteten die Übersee-Entdeckungen eine neue Entwicklung in der Geschichte der Menschheit ein und zwar das ozeanische Zeitalter der Menschheit. Die von den Gelehrten endgültig begründete theoretische Überzeugung von der Kugelgestalt der Erde hat zwar nicht die Entschlüsse der Entdecker ausgelöst, wohl aber zur Unbeirrbarkeit und Hartnäckigkeit ihrer Bemühungen entscheidend beigetragen.

Wir haben gesehen, wie sich nach einer jahrtausendealten Entwicklung die geschichtlichen Kräfte in drei Räumen gesammelt hatten: in Ostasien, in Indien und in Europa. Das Herüber- und Hinübergreifen der geschichtlichen Kräfte aus den Räumen und in die Räume hatte die großen Linien der geschichtlichen Entwicklung der Menschheit festgelegt. Wie die Geschichte lehrt, ist aus diesem Herüber und Hinüber im Laufe der Jahrtausende ein Netz von Verbindungen herausgebildet worden. Die Beherrschung dieser Verbindungswege war entscheidend für die Gestaltung der verschiedenen Ordnungssysteme, sei es auf dem Boden der Machtpolitik oder der wirtschaftlichen und strukturellen Systeme. Suchen wir nun auf der Erdkarte die Räume auf, über die die Verbindung des europäischen Raumes zu den zwei anderen führte, so finden wir sie zwischen dem Kaspischen Meer, dem Persischen Meerbusen und der Ostküste des Mittelländischen Meeres. Wollen wir ein differenzierteres Bild von diesen Weltverbindungen erhalten, dann können wir, von Europa her gesehen, dieses Verbindungssystem in ein solches zwischen Europa und Ostasien und ein anderes zwischen Europa und Süd- und Südostasien gliedern. Im Bereich ihrer geschichtlichen Wirksamkeit fällt es auf, daß die Verbindungslinien zwischen Europa und Ostasien verhältnismäßig stabil sind, während die zwischen Indien und Europa mannigfachen Änderungen unterworfen waren.

Der Grundzug der verbindenden Linienführung zwischen dem europäischen und indischen Raum ist durch zwei große parallele Erdspalten gegeben. Sie ziehen sich in südost-nordwestlicher Richtung vom Indischen Ozean durch den Persischen Meerbusen einmal nach dem Quellgebiet des Euphrat und Tigris und zum anderen durch das Rote Meer zur Landenge von Suez hin. Auf welchem dieser zwei natürlichen Wege der Verkehr zwischen Indien und Europa sich vorzugsweise bewegte, hing in hohem Maße von den innen- und außenpolitischen Machtverhältnissen in dem zwischen Indien und Europa liegenden Raume ab. Störungen dieser Straßen hatten ihre Rückwirkung sowohl auf Europa als auch auf Indien.

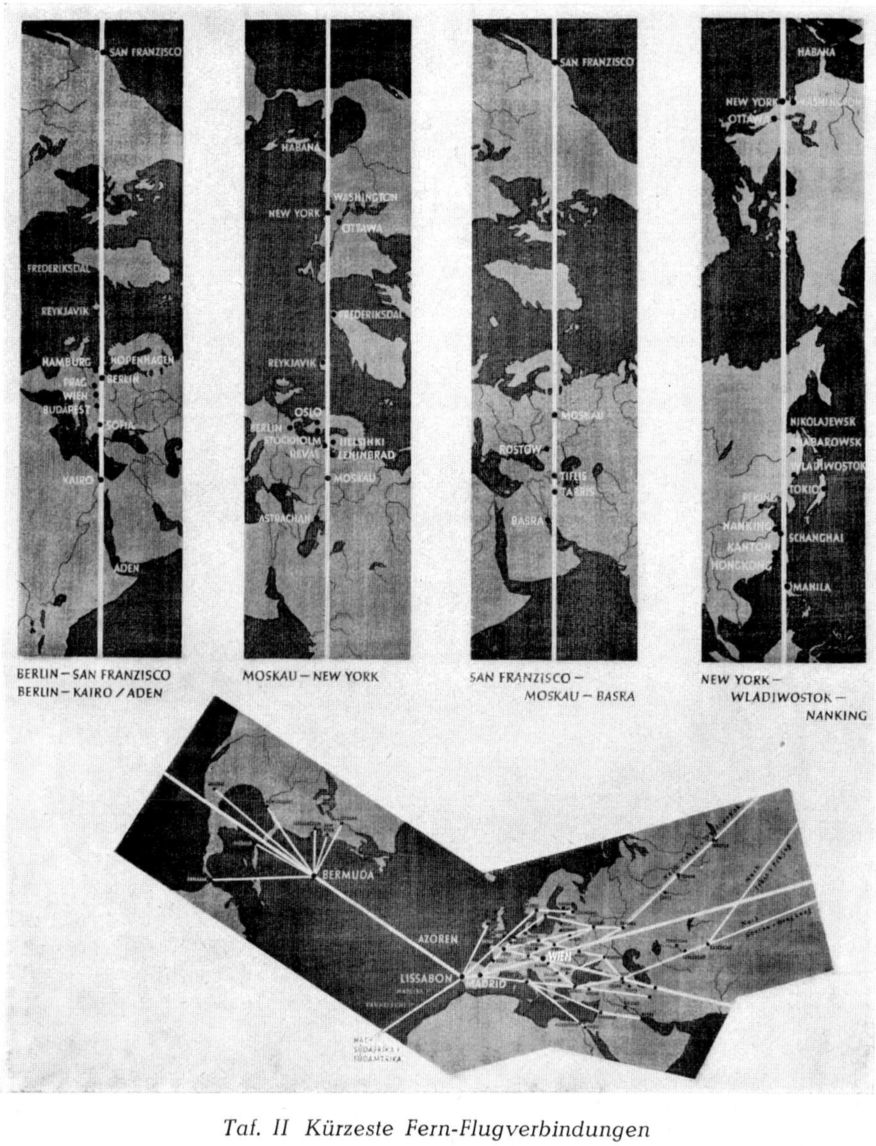

Taf. II Kürzeste Fern-Flugverbindungen

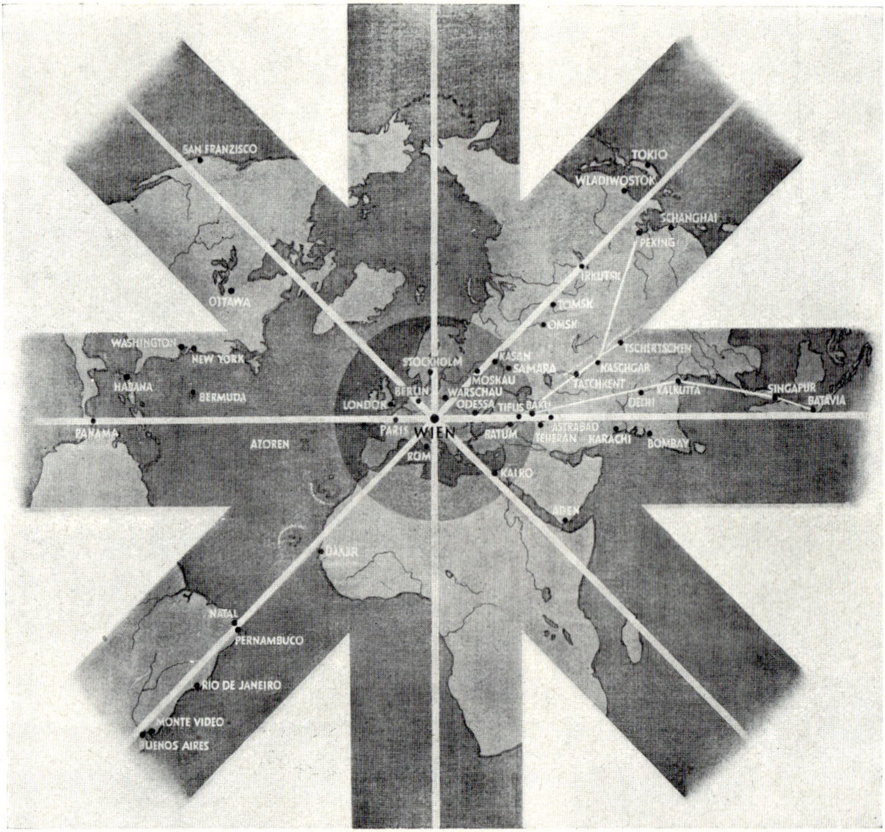

Taf. III Schematische Darstellung eines europäischen (W i e n - zentrischen) Systems der kürzesten Fern-Flugverbindungen

Der Verkehr selbst vollzog sich folgendermaßen: Während der zweiten Hälfte des Mittelalters wurden z. B. die Waren von Indien nach Europa zuerst zu Schiff über den Indischen Ozean in den Persischen Meerbusen oder in das Rote Meer gebracht. Von hier wurden sie über Land nach der Südküste des Schwarzen Meeres oder nach der Ostküste des Mittelländischen Meeres befördert, sodann zu Schiff über das Mittelländische Meer bzw. wieder über den Kontinent nach europäischen Häfen. Warum, so könnte man fragen, wurden die Waren über Land geführt, so daß ein zweimaliges Umladen vom Schiff auf den Rücken des Lasttieres und umgekehrt notwendig wurde, anstatt sie, wie später, um die Südspitze des afrikanischen Kontinents zu lenken? Um diese Tatsachen würdigen zu können, brauchen wir uns nur den damaligen technischen Zustand der Seeschiffahrt bewußt zu machen. Die Versuche, von Europa wie auch von Indien aus Südafrika zu umschiffen, haben ihre Grenzen in der Leistungsfähigkeit der technischen Hilfsmittel gefunden. Der Seeverkehr zwischen Indien und Ostafrika wurde durch Sambuken aufrechterhalten, das sind Schiffe, deren Planken ohne eisernes Nagelwerk nur mit Holzzapfen und Stricken von Kokosfasern zusammengehalten wurden. Das heißt, daß diese Seefahrzeuge starken Meeresströmungen nicht standhielten. Hinzu kam die Hafenarmut der Küste Südafrikas. So ging der Seeverkehr trotz des Besitzes von Kompaß, Seekarten und Instrumenten zur Höhenmessung der Gestirne nicht über Kap Corrientes hinaus. Ähnliche Verhältnisse lagen in Europa vor. Im Konkurrenzkampf mit Venedig suchte Genua schon frühzeitig aus dem Mittelländischen Meer in den Atlantischen Ozean hinauszustoßen, um den Weg um Afrika herum zu finden. Auch hier wurden Wollen und Können von der Leistungsfähigkeit der Seefahrtstechnik begrenzt. Die Schiffe, die zur Verfügung standen, Galeeren, Galeazzen, Galleonen, waren den Verhältnissen des Mittelländischen Meeres angepaßt und eigneten sich nicht zu Fahrten auf dem offenen Ozean. Zudem waren die Navigationsinstrumente für solche Aufgaben noch wenig brauchbar. So gab es zwei Räume des Seeverkehrs, die aber, obwohl aneinandergrenzend, doch voneinander getrennt blieben und zwar infolge der wenig entwickelten Schiffahrtstechnik. Die Verbindung zwischen beiden Schiffahrtsräumen war nur durch die Landbrücke zwischen dem Kaspischen Meer, dem Persischen Meerbusen und der Ostküste des Mittelländischen Meeres gegeben. Und über diese Landbrücke war auch die Kunde von dem Schiffsverkehr an der Ostküste Afrikas gelangt.

Der Gedanke, die Südspitze Afrikas zu umfahren, ist alt. Einen besonderen Impuls, diese Schranke zu überwinden, erhielten die Völker Europas, als der Handel mit dem Fernen Osten und Südosten durch das Vordringen der Osmanen auf der Balkanhalbinsel, am Schwarzen Meer und im Ägäischen Meer unterbunden wurde.

Eine Zeitlang war noch der Weg über das Rote Meer geblieben. Als aber auch in Ägypten die Prätorianerwirtschaft der Mamelucken, ständige Thronwirren, Mißregierung der Sultane und Steuerdruck das Land zerrüttet, und die Beduinen, vom innerpolitischen Verfall begünstigt, das Land entvölkert und vollends zugrundegerichtet hatten, da hatte auch die letzte Verbindung mit dem Orient aufgehört.

In dieser Situation fand Vasco da Gama, lange Bemühungen der Portugiesen fortsetzend, den Weg um die Südspitze Afrikas. Diese Tat ist ihm aber nur gelungen, weil ihm andere technische Mittel zur Verfügung standen als etwa den Genuesern im Mittelländischen Meer oder den Arabern im Indischen Ozean. Zunächst hatte das 15. Jahrhundert wichtige Verbesserungen in der Seefahrt gebracht. Der Kompaß und andere nautische Instrumente waren brauchbarer geworden. Dann aber blieb entscheidend, daß Portugal auf die Caravelle, einen Schiffstypus zurückgreifen konnte, der am Ozean und für den Ozean entwickelt worden war. Mit dieser Tatsache war dem portugiesischen Staat ein schweres finanzielles, man möchte sagen, technisch-politisches Problem auferlegt. Beim Ausbau des Handelsverkehrs, der auf die Entdeckung des Seeweges folgte, entstand ein ungewöhnlich hoher Bedarf an seetüchtigen, tragfähigen Schiffen, aber der Bau im Lande war wegen dessen starker Entwaldung sehr erschwert. Die Mehrzahl der für die Indienfahrt benutzten Schiffe war daher biskayscher oder flandrischer Herkunft. Die hohen Verluste an Schiffen, die die Indienfahrten mit sich brachten, ließen es dem König Manuel und seinen Beratern zu Zeiten zweifelhaft erscheinen, ob mit Staatsmitteln allein ein regelmäßiger Verkehr mit den Gewürzländern aufrechterhalten werden könnte. Ein großer Teil des zu Schiffbauzwecken benötigten Holzes, Teers, und anderen Materials stammte aus nördlichen Ländern. Manche hansische Hulk ist, nachdem sie in Lissabon ihre Ladung gelöscht hatte, mit Nutzen an einen portugiesischen Reeder verkauft worden. Angewiesen auf die von den deutschen Kaufherren eingeführten Waren, knüpfte der König engere Beziehungen zu ihnen. In dieser Richtung lagen auch die Verbindungen zu den süddeutschen Kaufleuten (den Welsern, Fuggern u. a.). Wenn sie Schiffe in Portugal bauen ließen, stattete der König sie mit allen Privilegien und Rechten aus, wie sie nur ein Untertan des portugiesischen Königs erhalten konnte. König Manuel mochte damit gehofft haben, die kapitalkräftigen deutschen Handelshäuser würden ihm dank ihrer engen Beziehungen zu den Niederlanden geeignete Fahrzeuge erstellen.

Mit der Entdeckung des Seeweges nach Indien um Afrika herum und mit der Anbahnung von Handelsbeziehungen auf diesem Wege setzt ein entscheidender Wendepunkt in der Geschichte der Menschheit ein. Die Güterströme, die zwischen Indien und Europa über den Kontinent gegangen und unterwegs das Leben mannigfach angeregt und bereichert hatten, hörten in dem Augenblick auf, als portugiesische Schiffe in Calicut erschienen. Sie führten die Waren über den Ozean nach Lissabon, um sie dann am Kontinent entlang nach Amsterdam zu bringen und erst von dort aus in den Kontinent einströmen zu lassen.

Wie gesagt, hatte die Umlegung der Handelswege vom Kontinent auf das Meer große Veränderungen für den Kontinent und die alten Brennpunkte des kontinentalen Lebens nach sich gezogen. Wir gewinnen davon eine deutliche Vorstellung, wenn wir z. B. die Verhältnisse in Deutschland vor und nach der Entdeckung des Seeweges miteinander vergleichen. Vor der Entdeckung des Seeweges in der zweiten Hälfte des Mittelalters kamen die Erzeugnisse Indiens und Ostasiens über Italien nach Europa. Nach Deutschland kamen sie auf folgenden Wegen: sie wurden entweder zu Wasser von Venedig bzw. Genua nach Brügge und Antwerpen gebracht, dort von den Hanseaten übernommen und von ihnen dann dem Norden Deutschlands zugeführt. Oder aber sie wurden zu Lande über die Alpen nach den süddeutschen Handelsstädten an der Donau und am Ober- und Mittelrhein gebracht und von dort über Süddeutschland verteilt. Nach der Entdeckung des Seeweges nach Indien kamen die Waren zunächst nach Lissabon, von dort nach Antwerpen, dann den Rhein hinauf und von ihm aus ins Innere Deutschlands. Die Folge war, daß die oberdeutschen Städte wegen ihrer weiten Entfernung vom Rhein ihre handelspolitische und dann auch ihre kulturelle und politische Bedeutung einbüßten. Je östlicher, d. h. je kontinentaler ein Ort Europas lag, um so schwerer wurde er von der Verarmung betroffen. Je näher er dem Meere gelegen, um so mehr wurde er vom Lebensstrom ergriffen, der über das Weltmeer kam.

Dieser Wandlung gibt O. Peschel in seiner bekannten Geschichte des Zeitalters der Entdeckungen lebhaften Ausdruck: Und „so wie der eiserne Griff der Türken diese wichtigen kosmischen Organe packte (die Meerengen und Ägypten), erstarb der lebendige Odem der mediterraneischen Welt. Die Lähmung trifft zuerst den Don, schleicht an den anatolischen Küsten hinab, verdammt den Pontus wieder zu seiner Ungastlichkeit, verödet Syrien, würgte das letzte Leben in Alexandrien, um das Rote Meer einer mehr als 300 jährigen Vergessenheit zu überliefern. Waren bisher die Ufer des Mittelmeeres die beglänzte Hälfte des Abendlandes gewesen, so unterbricht das Zwischentreten der Osmanen gleichsam die Quelle des Lichtes, und wir beobachten bekümmert das allmähliche Erlöschen der letzten beleuchteten Gipfel, während das Leben nach der frostigen Peripherie unseres Weltteiles entweicht. Die Entdeckung neuer Welten im Westen und freier Verkehrswege nach dem tropischen Morgenlande hat allerdings den ozeanischen Ufern Europas einen neuen, ungeahnten Wert verliehen, daß aber zugleich mit der Verwitterung der kleinasiatischen und pontischen Kultur das Mittelmeer still und stiller werden mußte, das war das unfreiwillige Verdienst der Osmanen."

Die Entwicklung, die mit der Entdeckung des Seeweges nach Indien und seinem handelspolitischen Ausbau begonnen hat, kam zur vollen Entfaltung durch das wirtschaftliche und politische Wirksamwerden der amerikanischen Kontinente. Den Unterschied zwischen der kontinentalen und ozeanischen Epoche kann man sich kaum deutlicher machen, als wenn man sich zum Bewußtsein bringt, daß es, wie einst in der kontinentalen Epoche, auf die Beherrschung von Landflächen, jetzt auf die Beherrschung der Meere ankam. Den ersten völkerrechtlichen Niederschlag hat diese neue Realität der Weltpolitik im Schiedsspruch des Papstes gefunden über die Aufteilung der neuentdeckten Welt zwischen Spanien und Portugal.

Mit der Einbeziehung überseeischer Verbindungen und Gebiete in die Politik kamen neue Herrschaftsprinzipien zur Geltung. Sie entfalteten ihre eigenartige Dynamik und Konsequenz. Während das Fundament der kontinentalen Macht stets die besetzte Fläche war, ist es in der Übersee der Stützpunkt. Darüber hinaus gibt es auch Entsprechungen zwischen kontinentaler und ozeanischer Machtorganisation. Treten in den Blickpunkt der kontinentalen Machtpolitik als begehrenswerte Objekte immer wieder Pässe und Tore, so in der ozeanischen die Meerengen. Die Meerengen gliedern die ganze ozeanische Welt in einzelne Räume, und die ozeanische Macht springt gleichsam von Meerenge zu Meerenge.

Europa bleibt für Jahrhunderte Schwerpunkt der ozeanischen Welt. Wie einst um die Vorherrschaft auf dem Kontinent gerungen wurde, so jetzt um die Vorherrschaft auf dem Weltmeer. Und auch hier sehen wir verschiedene Machtsysteme einander ablösen. Auf das spanisch-portugiesische Machtsystem folgt das der Holländer, das der Franzosen, das der Engländer; alles Systeme, die von der westlichen Peripherie Europas ausgehen. Betrachtet man in der Gegenüberstellung von Übersee und Kontinent die ozeanische Epoche als Ganzes, dann können wir zwei Abschnitte voneinander unterscheiden. In dem einen standen die Kolonien in fester Zuordnung zum Mutterland, nur dem Mutterland zugänglich, unter dem Gesichtspunkt der merkantilistischen Politik mit dem Mutterlande wirtschaftlich verquickt. In dem zweiten Abschnitt lösen sich weite Gebiete der Übersee von Europa und beginnen sich Europa gegenüberzustellen. Ein Vorgang, der den konsequentesten Ausdruck im englischen Imperium gefunden hat, das sich von Europa nicht nur gelöst, sondern politisch ihm auch gegenübergestellt hat. Diesen zweiten Abschnitt des ozeanischen Zeitalters können wir als die eigentliche Epoche der Übersee ansehen, während wir ihm den ersten Abschnitt richtig als die kontinentale Epoche der Übersee gegenüberstellen.

Das Mittel dieser Herrschaft war das Schiff, und so stellt sich das Ringen um die Übersee gleichzeitig als ein Kampf um das kriegs- und leistungsfähigste Schiff dar. Die höchste Intensität erreichte dieser Kampf, als mit der Einschaltung der Dampfkraft die Mechanisierung der Schiffahrt begann. Das war zugleich die Zeit der größten Entfaltung der Übersee, gleichsam der Schlußlauf der Seemachtbildung. Die

Mechanisierung erlaubte, Schiffe in einer Größe zu bauen, die den Völkern erst das Werkzeug in die Hand gab, die Güter der Übersee für sich wirtschaftlich auszuschöpfen. Aber wie gesagt, es steigerte sich auch die Intensität des Kampfes um das beste Schiff. Während früher ein Segelschiff Jahrhunderte im Gebrauch blieb, überstürzten sich jetzt die technischen Erfindungen: Rad- und Schraubendampfer, Motorschiff, Kohlen- und Ölfeuerung. Mit jeder neuen grundlegenden Erfindung wird der vorherige Schiffstypus gleichsam wertlos. So war es bei dem Übergang vom Segel- zum Dampfschiff, vom Dampfschiff zum Motorschiff. Technische Erfindungskraft wird zum machtpolitischen Faktor.

Zum abgerundeten Bild von den Vorgängen des ozeanischen Zeitalters gehört, daß wir einen Blick auf den Kontinent werfen. Wir haben festgestellt, daß mit der Entdeckung der Überseewege der Verkehr auf den Weltüberlandverbindungen ausstarb. Hier trat ein Wandel ein, als aus der Erfindung der Eisenbahn und später des Autos ein leistungsfähiges Mittel der Lastenbewegung hervorging, das imstande war, große Transportaufgaben zu übernehmen und das Innere der Kontinente transportmäßig zu durchdringen. Der Erfolg war, daß die alten Kontinente in ihrer verkehrspolitischen Bedeutung sich zu erheben begannen, auf einen gewichtsmäßigen Ausgleich zwischen Übersee und Kontinent hinstrebend.

4. Das atmosphärische Zeitalter

Das Studium der Frage „Naturwissenschaften und Technik im historischen Geschehen“ machte es sichtbar, daß die Geschichte in drei Epochen zu gliedern sei: in die kontinentale, in die ozeanische und die atmosphärische, und daß unsere Gegenwart den Einbruch des atmosphärischen Zeitalters darstelle. Jede der vorhergegangenen Epochen hatte ihr eigenartiges Gepräge, das erkannt werden mußte, um das Getriebe der Epoche zu verstehen. Auch wir stehen in Bezug aus unsere Gegenwart vor der Aufgabe, die Struktur des neuen Lebens zu erkennen. Diese Aufgabe steigert sich in ihrer Notwendigkeit um so mehr, je stärker der Wille vorhanden ist, vom bloßen Zuschauen zum Mitwirken an der Zeit fortzuschreiten.

Diese Stellungnahme scheint dem Prinzip historischer Erkenntnis zu widersprechen, und der Widerspruch bestünde zu Recht, wenn sich die vorausschauende Erkenntnis auf Einzeltatsachen erstrecken sollte. Es kommt aber hier nicht auf die Erkenntnis von Einzeltatsachen an, sondern auf die Erkenntnis der einen großen Tatsache, die den Einbruch des atmosphärischen Zeitalters begründet, welches das im vorherigen Zeitalter gewachsene Leben auf neue Grundlagen stellt.

Vor eine derartige Fragestellung sahen sich auch die Menschen an der Schwelle des ozeanischen Zeitalters gestellt. Und angesichts dieser Tatsache scheiden sich die Menschen und Völker in die einen, die im alten Geleise fortzuwirken suchten, und in die anderen, die sich, neue Bewegungsrichtungen vorausschauend, in diese einschalteten. So bauten z. B. die Venezianer den 1505 niedergebrannten deutschen Hof in Venedig prächtiger als zuvor auf in Erwartung, daß die Entwicklung in alter Richtung fortwirken würde, während die Welser, Fugger und andere nach Lissabon zogen. Man konnte natürlich nicht voraussagen, ob die Übersee mit dem Segel-, Dampf- oder Ölmotorenschiff erschlossen, befahren und beherrscht werden würde, aber daß in der großen Entwicklung der Dinge durch die Einschaltung der Ozeane neue Tatsachen geschaffen worden sind, konnte erkannt werden und ist auch erkannt worden. Von einer ähnlichen Erkenntnis hängt es auch ab, wieweit wir uns über die neuen Wirklichkeiten Klarheit verschaffen und damit freiwerden in unseren Entscheidungen, Neues anzusetzen und Altes fallen zu lassen. Die Gefahr ist groß, daß man mit den alten Gewohnheiten, Denkverfahren an das Neue herantritt und daß man an den neuen Dingen vorbeiurteilt.

Nach dem ersten Weltkriege ist der europäische Geist lange Zeit von dem Gedanken des Unterganges des Abendlandes in Bann geschlagen gewesen. Geben nicht die Ereignisse, in denen wir stehen, diesem Gedanken neue Nahrung? Diese Frage gipfelt in der Möglichkeit: Bringt das hereinbrechende atmosphärische Zeitalter für das Abendland Aufgaben und Möglichkeiten, an deren Lösung es sich zu beteiligen, an denen es seine Kräfte noch einmal zu messen vermag, an denen es sich verjüngen kann, oder hat Europa mit dem Ablauf der alten Entwicklung abzudanken?

Auf welche Probleme stoßen wir nun, wenn wir die Stellung der Naturwissenschaft und der Technik im historischen Geschehen weiterbeobachten? Zwei Dinge sind es vor allem, die uns Aufmerksamkeit abzwingen und ihnen gegenüber auch unsere Entscheidung fordern: die Durchgestaltung des Verkehrs als eines Organisationssystems vom Flugzeug her und der zielbewußte Einsatz der Forschung und Wissenschaft für die Aufgaben der Zeit. Sowohl das eine als auch das andere bringt neue Möglichkeitsbereiche für die Politik, Gesellschaft, Kultur und Wirtschaft mit sich.

Vor welche Aufgaben sieht sich ein vom Flugzeug her durchgestaltetes Verkehrssystem gestellt, bzw. vor welche Aufgaben ist es zu stellen? Zu allen Zeiten war es die Aufgabe des Verkehrs, Entferntes zueinander zu bringen, möge es sich nun um Menschen oder Güter handeln. Von den *Verkehrsmitteln* hing es im hohen Maße ab, was zwischen den einzelnen *Menschen-, Produktions- und Rohstoffräumen* gehandelt werden konnte. Der kontinentale Verkehr der Zeit vor der Eisenbahn war so kostspielig, daß nur Edelwaren bewegt werden konnten, Waren, bei deren Preis die Fracht nicht entscheidend ins Gewicht fiel. So bestand der Handel in der ersten Hälfte des Mittelalters z. B. in Gewürzen, Edelsteinen und ähnlichem mehr. Ein Massenverkehr kam erst zur Entfaltung durch den Einsatz des Schiffes. So haben z. B. die alten Griechen und Römer, später die Venezianer und Genueser mit Schiffen Holz, Getreide und Fische gebracht, während auf dem Rücken der Pferde oder auf Wagen nur Spezereien, Gewürze und ähnliches mehr befördert wurde. Dieser scharfe Unterschied zwischen Land- und Seeverkehr in Bezug auf die bewegten Quantitäten ist bis auf den heutigen Tag geblieben, trotz des bestorganisierten Eisenbahnverkehrs. Die Warenmenge, die ein großer Rheinschlepper mit wenig Aufwand bewegt, bedürfte 40 Eisenbahnwagen, um über ein kostspieliges Eisenbahngeleisnetz transportiert zu werden. Wo es also auf die Bewegung von Massen ankommt, ohne Rücksicht auf die Zeit, dort dominiert als Verkehrsmittel das Schiff. Und die Eisenbahn kommt nur dort zur Geltung, wo keine Wasserverbindung vorhanden ist bzw. wo eine Wasserverbindung nicht länger als das Zwanzigfache der Landverbindung ausmacht.

Neben dieser Aufgabe, die der Eisenbahn als Aushilfsmittel innerhalb der Beförderung von Massengütern zufällt, tritt die Eisenbahn in ihrer besonderen Bedeutung da hervor, wo es auf die Schnelligkeit des Verkehrs ankommt.

Welche Qualitäten bietet nun der Luftverkehr? Bei aller Differenzierung des Flugwesens in Personen- und Lastenbeförderung bleibt die Hauptqualität des Flugverkehrs die Schnelligkeit. Sie ist einmal mit der Schnelligkeit der Maschine selbst gegeben und zum anderen darin, daß es für das Flugzeug keinen Unterschied zwischen Wasser und Land gibt und damit kein Umladen vom Land- zum Wasserverkehrsmittel und umgekehrt. Das Flugzeug kennt keine durch die Erdoberfläche gegebenen Hindernisse; auf kürzestem Wege bewegt es sich unbehindert von Ort zu Ort über Land und Meer.

So steht im heutigen Verkehr, dessen Aufgabe einerseits die Erreichung einer hohen Reisegeschwindigkeit, andererseits die Bewältigung eines Umschlages großer Massen ist, das Flugzeug als Symbol der Schnelligkeit und das Schiff als das Verkehrsmittel für Massengüter. Die Eisenbahn steht dazwischen. Da die Schnelligkeit auch mit Unkosten verbunden ist, wird das Flugzeug dort als höchste Wirkform erscheinen, wo Schnelligkeit alles bedeutet und der Preis nicht ins Gewicht fällt. Da die Wirtschaft an den Preis gebunden ist, wird das Flugzeug in seiner höchsten Leistung dort angesetzt werden, wo organisatorische Gesichtspunkte in den Vordergrund treten, und zwar in der Wahrung des Lebens einzelner Personen (Lebensrettung, Forschung, Nachricht, Post) und Wahrung der Interessen einer menschlichen Gemeinschaft (Staat und Politik). Das Flugzeug mit normaler Geschwindigkeit führt auch Passagierverkehr durch und hat auch seine Fähigkeit, wie z. B. bei der Berliner Luftbrücke, als Transportmittel gemeiner Güter erwiesen. Ungeachtet dessen wird die Hauptqualität des Flugzeugs, das heißt seine höchste Geschwindigkeit im Rahmen des Bestehenden zur vollen Auswirkung nur dort kommen, wo es um Interessen geht, die über rein wirtschaftliche Gesichtspunkte hinausgehen.

Ob es sich nun um das Flugzeug als Güterbeweger oder Personenbeförderer oder als Waffe handelt — das Hauptcharakteristikum dieses Systems wird stets die Tatsache bleiben, daß der andere Ort auf dem kürzesten Wege und damit bei einer gegebenen Geschwindigkeit in kürzester Zeit erreichbar ist. Was praktisch die kürzeste Linie bedeutet, ist aus der Darstellung einiger Fernflugverbindungen zu ersehen, wenn wir uns daneben vergegenwärtigen, auf einem wie langen Wege sonst z. B.

von San Francisco aus Aden bzw. Basra erreicht werden kann, oder von New York aus Delhi (s. Taf. II).

Für einen jeden Ort auf der Erde besteht ein besonderer Zusammenhang von Entfernungen. So kann man sich als Beispiel ein Strahlensystem von kürzesten Verbindungen konstruieren.

Wie sieht z. B. ein von Wien ausgehendes System aus? Schon dieses Bild macht uns auf etwas sehr Wesentliches aufmerksam, nämlich auf die verschiedene Wertigkeit der jeweiligen Flugverbindungen. Vergleicht man z. B. die Ost-West-Achse dieser Kartendarstellung (s. Taf. III) mit der Nord-Süd-Achse, so sieht man, daß auf jener Orte liegen wie z. B.: Panama, Bermudas, die Azoren, Paris, Wien, Odessa, Tiflis, Teheran, Batavia, während die andere ärmer an bedeutenden Orten ist. Ein ähnliches Bild ergibt der Vergleich der Südwest-Nordost-Achse.

Dieses neue System wird die alte welthistorische Aufgabe haben, die Verbindung zwischen den großen Menschen-, Rohstoff- und Produktionsräumen herzustellen. Da die wichtigsten *Siedlungsgebiete* der Welt Ostasien, Indien, Europa und Nordamerika sind (s. Taf. V), wird es für den Luftverkehr darauf ankommen, diese vier Räume auf dem kürzesten Wege zu verbinden. Betrachtet man die Welt unter dem Gesichtspunkt der Produktion und der Rohstoff- und Absatzgebiete, dann kommt es auch hier in erster Linie auf die Verbindung der genannten vier Räume an: Nordamerika, Europa, Indien und Ostasien, in zweiter Linie auf die Verbindung dieser vier Räume mit Südamerika und Südafrika. Neue politische und wirtschaftliche Möglichkeiten entstehen, aber auch neue wirtschaftliche und politische Notwendigkeiten, ähnlich wie nach der Entdeckung der Übersee. Die durch den Luftverkehr gegebenen Möglichkeiten werden neue politische und wirtschaftliche Bildungen nach sich ziehen, ähnlich wie unter dem Einfluß der Seeschiffahrt das ozeanische Stützpunktsystem getan hat.

Für die Erkenntnis der offenen und verhaltenen Dynamik der heutigen Welt wäre es wichtig zu wissen, welchen Platz im angebrochenen atmosphärischen Zeitalter die bisherigen großen Lebenszentren Ostasien, Indien, Europa und Nordamerika einnehmen. Im vorligenden Zusammenhang wollen wir die zwei letzten einer näheren Untersuchung unterziehen.

Für die Fixierung der europäischen Stellung in dem Weltverkehrssystem haben wir das Strahlenbündel von Wien aus gezogen. Man könnte es auch in jedem beliebigen anderen Ort ansetzen, z. B. in Paris, Stockholm, Moskau, Rom, — es würde sich an der Überlegung nichts Grundlegendes ändern.

Betrachten wir also das von Wien ausgehende Strahlenbündel, so sehen wir, daß der Scheitelpunkt in der Mitte der Erdhemisphäre liegt und damit in der Mitte der zu einem einzigen Verbindungssystem geschlossenen Brennpunkte des Geschehens der heutigen Welt. Auf der Ost-West-Achse liegen peripherisch die Punkte Panama und Batavia, fast gleich weit entfernt von Wien; auf der Südwest-Nordost-Achse Buenos Aires und Tokio und auf der Nordsüd-Achse die Südspitze Afrikas und die Meerenge zwischen dem asiatischen und nordamerikanischen Kontinent; auf der Nordwest-Südost-Achse San Francisco und das Südgebiet von Madagaskar.

In dieser schematischen Betrachtung würde sich ein konkreteres Bild für ein von Europa gesehenes Verkehrssystem herausheben. Die Verbindungen Europa—Kapstadt, Europa—Buenos Aires, Europa—Azoren—Bermudas, Europa—San Francisco, Europa—Tokio, Europa—Shanghai, Europa—Sidney treten als die Magistralen des Luft-Weltverbindungssystems hervor.

Was bedeutet dieser von Europa aus gesehene neue Verbindungszusammenhang für die Geschichte der Weltverbindungssysteme? Im großen gesehen hatten wir zwei Weltverbindungssysteme, die dem heutigen vorausgegangen sind: das kontinentale und das ozeanische. Durch die Ablösung des kontinentalen Systems durch das ozeanische war der Kontinentblock zwischen dem Atlantischen und Indischen Ozean und dem Atlantischen und Großen Ozean aus dem Weltverbindungssystem herausgefallen. Die Weltverbindungen, die früher über den Kontinentblock gingen, führten im ozeanischen Zeitalter an der Peripherie der Kontinente entlang. Die Völker des Kontinentblockes, die bisher im Lichte der historischen Bewegung gestanden, traten in den Schatten der Weltgeschichte. An deren Stelle rückten die bis dahin am Rande des geschichtlichen Geschehens stehenden Völker, die für die kommenden Jahrhunderte die Träger des historischen Lebens wurden.

Im Verbindungssystem des atmosphärischen Zeitalters treten die Völker des Kontinentblockes wieder in das volle Licht der Geschichte. Darüber hinaus würde gegenüber dem kontinentalen und ozeanischen Verbindungssystem ein europäisches atmosphärisches System auch über Sibirien und den nördlichen Ozean hinwegreichen und so neue Bereiche politischer und wirtschaftlicher Möglichkeiten erschließen.

Andere Zusammenhänge zeigt ein von Nordamerika her gesehenes atmosphärisches Verbindungssystem. Verfahren wir bei der Betrachtung des Weltverbindungssystems, in dessen Mittelpunkt New York steht, ebenso wie bei dem von Wien aus konstruierten, dann kommen wir zu folgendem Ergebnis: Gehen wir von New York aus auf der Nord-Süd-Achse entlang, dann stoßen wir in nördlicher Richtung in das nördliche Eismeer, Sibirien, den Fernen Osten bis Australien vor. In südlicher Richtung gelangen wir über das Karibische Meer nach Südamerika. In der Ost-West-Achse stoßen wir in östlicher Richtung über Afrika und Madagaskar bis nach Australien vor; in westlicher Richtung an den Hawaii- und Samoa-Inseln vorbei bis nach Australien. Auf der Nordost-Südwest-Achse in der Nordostrichtung Skandinavien, Kaukasien, Iran, Indien, Australien; in der Südwest-Richtung über Zentralamerika nach Australien. Auf der Nordwest-Südost-Achse in nordwestlicher und südöstlicher Richtung bis nach Australien. Wollte man auch von dieser schematischen Darstellung zu einer Darstellung möglicher realer Zustände fortkommen, dann dürfte man zu dem Bild gelangen, wie es in der Taf. IV festgehalten ist.

In der schematischen Darstellung stoßen wir in jeder Richtung auf Australien, weil Australien im Bereich des Gegenpols von New York liegt. Suchen wir die Lage der vier Weltzentren: Nordamerika, Europa, Ostasien, China (s. Tafel IV in Verbindung mit Tafel V), die in diesem Weltverbindungssystem durch ein atmosphärisches Verbindungssystem zusammengeschlossen werden sollen, so sehen wir, daß sich alle auf der einen Seite von New York befinden. Weiter wird sichtbar, daß in Darstellung auf Tafel IV die vier Weltzentren auf zwei Flügeln erscheinen, auf dem einen Nordamerika, Europa und Indien, auf dem anderen Nordamerika und Ostasien.

Da nun Ostasien und Indien zusammenhängen, stellt sich das von New York her gesehene Weltverbindungssystem als ein spitzes Dreieck dar, dessen Scheitelpunkt in Nordamerika liegt. Demgegenüber erscheint das europazentrische als ein Kreis mit Europa als Mittelpunkt.

Was bedeutet nun das amerikanische Verbindungssystem für die Geschichte der Weltverbindungssysteme? Das bisherige amerikanische Verbindungssystem ist im ozeanischen Zeitalter geworden und entfaltete sich entlang den Kontinenträndern.

Während die USA als ozeanische Macht bis jetzt nur mit den Rändern der Kontinente in engere Berührung gekommen waren, führt das atmosphärische Zeitalter die USA in das Innere der Kontinente hinein. Und das gilt nicht nur für die USA, sondern für eine jede ozeanische Macht. In diesem Zusammenhang gewinnen Europa und Sibirien besondere Bedeutung für die USA. Über diese Gebiete stehen die USA mit dem übrigen Weltverbindungssystem in Zusammenhang. Die von den USA nach Indien über Europa führenden Verbindungen durchqueren die bedeutendsten Kultur- und Wirtschaftsgebiete der Erde.

Wie in dem europazentrischen so rücken auch im amerikazentrischen atmosphärischen Verbindungssystem die durch die Übersee-Entdeckungen vom Weltstraßensystem ausgeschalteten Länder wieder in den welthistorischen Vordergrund. Wie im europäischen so auch im amerikanischen Weltverbindungssystem erscheinen als neue Faktoren der Erdzusammenhänge das Nördliche Eismeer und Sibirien.
Zu der gleichen Neubewertung kämen wir, wenn wir unsere Überlegungen von Ostasien oder Indien aus entwickeln wollten.

*

Um über die neuen Verkehrsmöglichkeiten Klarheit zu gewinnen, ist folgendes zu beachten: Liegen zwei Punkte der Erde um 180° Längengrade von einander entfernt (die geographische Breite spielt hierbei überhaupt keine Rolle), so läuft die kürzeste Verbindungslinie (man nennt sie Orthodrome) stets über den zugehörigen Pol. Je höher man vom Äquator weg nach dem Norden geht, um so kürzer werden die Breitengrade; am Pol ziehen sie sich sogar zu einem Punkte zusammen. Darum führten bereits den Seefahrer Cabot die Überlegungen dahin, den kürzesten Weg zu den im weit Südosten liegenden Gewürzinseln in nordwestlicher Richtung am Nordpol vorbei zu suchen.

Nun liegen die in Frage kommenden Orte nicht immer 180 Grad von einander entfernt. Für diesen Fall ist festzuhalten, daß je kleiner der Abstand zweier Orte voneinander in der geographischen Länge wird, die Orthodrome um so weiter von den Polen verläuft, woraus weiter hervorgeht, daß je weiter die Orthodrome vom Pol verläuft, sie um so mehr Bedeutung als kürzeste Verbindung verliert.

Andererseits ist es auch nicht gleichgültig, auf welchem Breitengrad die zu verbindenden Orte liegen.

Zur allgemeinen Orientierung sei folgende Tabelle angeführt:

Breitengrad	Entfernung zwischen zwei Punkten, die 180° auseinanderliegen in km	Orthodrome	Verkürzung
30	17 320	13 300	23,2
35	16 384	12 200	25,4
40	15 320	11 100	27,5
45	14 142	9 900	29,5
50	12 956	8 800	31,4
55	11 472	7 700	32,2
60	10 000	6 660	33,4
65	8 452	5 550	34,3
70	6 840	4 440	35,1
80	3 472	2 220	36,1

Die Tabelle zeigt, daß bei zwei Orten, die auf dem gleichen Breitengrad 180 Grad entfernt von einander liegen, die Wegverkürzung um so mehr beträgt, je näher die Orte zu den Polen liegen.

Die geringste Wegverkürzung ergibt sich, wenn beide Orte auf dem Äquator liegen; sie beträgt hier nur den Unterschied, der sich aus der Tatsache ergibt, daß die Erde an den Polen abgeplattet ist, daß der Äquator darum um weniges länger ist als ein Längengradkreis. Die größte Verkürzung, die überhaupt möglich ist, beträgt 36,3 v. H. Diese ist also bereits auf dem 80. Breitengrade beinahe erreicht. Sie hat aber kaum eine praktische Bedeutung für den Wirtschaftsverkehr, weil der 80. Grad bereits in der Arktis liegt und keine Menschen- oder Rohstoffkonzentrationspunkte besitzt. Anders ist es, wenn wir an die Aufrechterhaltung der Verbindungen zwischen den Polarstationen in Frieden und Krieg denken.

Um eine Vorstellung von den durch eine Polarfahrt zu erreichenden Wegverkürzung zu erhalten, seien einige Beispiele angeführt. [1]

Die Entfernung von New York (40,8 Grad nördliche Breite und 74 Grad westlicher Länge) nach Peking (40 Grad nördlicher Breite und 117,5 Grad östlicher Länge) beträgt auf dem 40. Grade nördlicher Breite 14 320 km. Die kürzeste Entfernung (Orthodrome) beträgt 11 100 km. D. h.: die Fahrt auf der Orthodrome ist um 3220 km (d. i. 22,5 v. H.) kürzer als die Fahrt auf dem Breitengrad. Die kürzeste Enfernung führt über den 83. Grad nördlicher Breite, d. h. mitten durch die Arktis.

Die Entfernung von Vancouver (49,2 Grad nördlicher Breite und 123 Grad westlicher Länge) nach Astrachan (46,3 Grad nördlicher Breite und 48 Grad östlicher Länge) beträgt auf dem 47,8 Grad nördlicher Breite 12 780 km. Die Orthodrome, d. h. die kürzeste Verbindung, beträgt nur 9350 km, d. h. um 3430 weniger. In Prozenten ausgedrückt bedeutet das eine Wegverkürzung sogar von 27 v. H. Dieser kürzeste Weg zwischen Vancouver und Astrachan führt aber über den 86. Grad nördlicher Breite, noch näher am Pol vorbei als der Weg von New York nach Peking.

Die Entfernung zwischen Hawai (20 Grad nördlicher Breite und 154 Grad westlicher Länge) und Kairo (30 Grad nördlicher Breite und 31,5 Grad östlicher Länge) beträgt auf dem 25. Grad nördlicher Breite 17 500 km; die hierzu gehörige Orthodrome 14 400, also um 3100 km weniger, was eine Wegersparnis von 18 v. H. bedeutet. Und sie führt über die Innerarktis und zwar über den 85. Grad.

*

So bringt das atmosphärische Zeitalter gleichsam durch eine neue Zuordnung der weltgeschichtlichen Elemente neue Möglichkeiten für politische, wirtschaftliche und kulturelle Bildungen. Alle Einzelgeschehen, alle Entscheidungen und Erscheinungen, wie sie sich in der Praxis auch gestalten mögen, werden sich in dieses System einzuordnen haben.

[1]) Ernst Herrmann, Das Nordpolarmeer — das Mittelmeer von morgen, Berlin, Safari-Verlag, 1949, S. 319 ff. In weitem Maße Grundlage auch für die folgende Darstellung der Arktis.

III. Die Erschließung neuer Lebensbereiche im atmosphärischen Zeitalter

1. Erschließungen

a) Die Rückführung der alten Kontinentalvölker in die Weltzusammenhänge und ihr Fruchtbarwerden für das gesamte Geschehen in der Welt.

Jedes Verkehrssystem hat einen eigenen Bereich von Aufgaben, Möglichkeiten und Grenzen. Die kürzeste Verbindung war seit je her der Leitgedanke jeglicher Verkehrsorganisation. Von der Art des Verkehrssystems hängt es ab, wie weit der Gedanke der kürzesten Verbindung verwirklicht werden kann.

Das terrestrisch-kontinentale Verkehrssystem findet seine Möglichkeiten durch die Bodengestalt vorgezeichnet: es wird Rücksicht nehmen müssen, ob sich ihm Berge, Gewässer, Sümpfe, Wälder, Wüsten entgegenstellen. Der kürzeste praktisch zu verwirklichende Weg wird nicht immer die gerade Linie, es wird nur die Linie des geringsten Widerstandes sein. So kann der verschlungenste Weg durch ein Gebirge der „kürzeste" sein, wenn er auch lange nicht eine Gerade ist. Dagegen erlaubt eine Ebene auch schnurgerade Durchdringung des Raumes (der Atlas liefert Beispiele hierfür). In der Eigenart und den Möglichkeiten des terrestrisch-kontinentalen Verkehrssystems liegt es, daß sich seine Wege dem menschlichen in Siedlung und Wirtschaft geprägten Leben anschmiegen, daß die terrestrischen Wege selten durch leeren Raum laufen. Ganz anderes Wesen offenbart das maritim-ozeanische Verkehrssystem. Sein Element ist das Wasser, das gestaltlos und in sich gleich ist. Das Wasser läßt überall die gerade Linie zu. Was den Schiffer von der geraden Linie abbringen kann, ist: die Stützpunktverteilung, der Küstenverlauf, die Bodengestalt, Meeresströmungen. Seine Grenze findet dieses Verkehrssystem an den Küsten und dort, wo das Wasser seine flüssige Gestalt verliert, in Gebieten, wo das Wasser friert; d. i. der Raum der Arktis und Antarktis, des Nord- und Südpols. Im Gegensatz zu dem terrestrisch-kontinentalen Verkehrssystem verlaufen die Wege des maritim-ozeanischen durch Öden. Seine Wege führen nur immer an den Bereich des menschlichen Lebens heran und nicht durch ihn hindurch. Die ozeanischen Straßen zapfen gleichsam den Boden, auf dem der Mensch lebt und wirkt, nur von außen an. Darum haben wir auch die maritim-ozeanische Epoche eine Zeit der Kontinentränderorganisation genannt.

Das Verkehrssystem, das keinerlei Widerstände von der Erdoberflächengestalt (sei es Land oder Wasser) erhält, ist das atmosphärisch-globale. Das Flugzeug fliegt über alle Widerstände der Erdoberfläche hinweg. Vergleichen wir das atmosphärisch-ozeanische Verkehrssystem mit den vorherigen Verkehrssystemen vom Standpunkt der verkehrsmäßigen Durchdringung des Erdraumes und fragen, was uns das neue System neues bringt, so ist, geschichtlich gesehen, ein Doppeltes festzuhalten. Wir haben gesagt, daß das maritim-ozeanische Verkehrssystem eine Kontinentränderorganisation gewesen ist, d. h. daß die Kontinente, die im terrestrisch-kontinentalen Zeitalter lebhaft durchpulst waren, abseits des Lebens gestellt wurden. *Das atmosphärisch-globale Verkehrssystem, das Ozeane und Kontinente gleichermaßen überwindet, führt die Kontinente und seine Völker wieder zurück in das volle Leben; es vollzieht sich eine Regeneration der Kontinentalverbindungen.* Durch diese Regeneration wird der Grund für das Gefüge des neuen Zeitalters gelegt.

b. Erschließung neuer Räume.

Hinzu kommen die Neuerschließungen: das atmosphärisch-globale Zeitalter nimmt auch von jenen Gebieten Besitz, die den vorhergehenden Zeitaltern verschlossen geblieben sind: 1. dem terrestrisch-kontinentalen Zeitalter z. B. Nordsibirien, Alaska, Tibet, die Sahara; 2. dem maritim-ozeanischen: Arktis und Antarktis.

Die historischen Auswirkungen dieser Leistungsgrenze der einzelnen Verkehrssysteme erkennt man deutlich z. B. an der Sahara. Die ganze

Geschichte hindurch haben die großen politischen Systeme, die im Bereich des Mittelländischen Meeres zur Entfaltung gekommen sind, ihre Grenze am Nordrand der Sahara gefunden. Verkehrsmäßig, wirtschaftlich und politisch erscheint Nordafrika vom übrigen afrikanischen Kontinent losgelöst und zu Europa geschlagen. Ein anderes Beispiel von weittragender Bedeutung stellt Sibirien dar. Jahrhunderte lang war es Besitz des russischen Reiches, ohne über die Bedeutung einer Kolonie hinauszukommen. Erst die Eisenbahn hatte Sibirien dem europäischen Menschen zugänglich gemacht, was jede Menschenverteilungskarte schlagend zum Ausdruck bringt. Das betrifft aber nur Südsibirien. Gegenüber Nordsibirien versagte auch die Eisenbahn.

Um Einblick in den ganzen Umfang der Änderungen zu erhalten, die sich hier vollziehen, vollzogen haben und vollziehen werden, müßte jedes der angeführten Gebiete einer eingehenden Analyse unterzogen werden. Um eine Vorstellung von der Dimension dieser Umwandlungen zu erhalten, sei näher nur auf ein einziges Beispiel eingegangen, auf den Kampf, den der Mensch seit Jahrhunderten um die Beherrschung der Arktis geführt hat und der erst heute zum Erfolg führt.

c) Erschließung neuer Organisationsformen.

Neben die Erschließungen von neuen Räumen als Bereichen neuer Lebensmöglichkeiten treten Erschließungen auf vielen anderen Gebieten des Lebens ein, die ebenfalls dem Menschen Aussicht auf neue Möglichkeiten eröffnen. So können durch den Sieg neuer Prinzipien in der Politik, in der Wirtschaft, in der Kultur Organisationsformen wirksam werden, die gleichfalls Bereiche neuer Betätigung und neue Lebensquellen eröffnen. Wenn auch das atmosphärische Zeitalter die räumlichen Erschließungen nicht gebracht hätte, so würden diejenigen im Bereich der neuen Organisationsformen allein schon genügen, das neue Zeitalter einzuleiten. Nur genaue Betrachtung kann entscheiden, welche von diesen beiden Arten von Erschließungen von größerer Tragweite für das kommende Zeitalter ist. Und man muß auf der Hut sein, um sich von dem Eindruck, den die räumlichen so einprägsam erwecken, nicht überwältigen zu lassen. Im Laufe unserer weiteren Darstellung werden wir die Gelegenheit haben an dem Beispiel der Arktis anzudeuten, was die einzelnen von ihnen auch konkret bedeuten. Was wir an der Arktis beobachten werden: auf dem Gebiete des Verkehrs, der Wirtschaft, der Siedlung, der Politik, der Forschung und Wissenschaft, das alles hat in der einen oder anderen Form seine Entsprechung überall in der Welt. Diesen neuen Organisationsformen wird die Welt neue kulturelle, wirtschaftliche und politische Formationen verdanken.

2. Die Arktis als Beispiel neuer Gebietserschließungen.

a) Die Arktis und der europäische und amerikanische Mensch.

Die weltverkehrspolitische Bedeutung, die das Nördliche Eismeer vom Standpunkt der kürzesten Verbindungen zwischen den Kontinenten im atmosphärischen Zeitalter gewonnen hat, ist bereits vor mehr als 4½ Jahrhunderten erkannt worden, ohne daß man jedoch imstande gewesen wäre, aus Mangel an entsprechenden Verkehrsmitteln, von den gebotenen Möglichkeiten Gebrauch zu machen. Die jahrhundertelangen Mühen um die verkehrsmäßige Erschließung des Nördlichen Eismeeres sind darum aber nicht verloren, weil der moderne Flugverkehr auf den Erfahrungen aufbaut, die im zähen Kampf mit der harten und erbarmungslosen Natur des Nördlichen Eismeeres gewonnen und gesammelt worden sind, und weil auch weiterhin Aufgaben bestehen bleiben, die, trotz der Beherrschung des Flugzeuges und aller modernen technischen Hilfsmittel, nicht ohne Schlitten, Boot und Schiff zu bewältigen sind.

Kennzeichnend für die weltgeschichtliche Einordnung dieser Bemühungen ist, daß die Initiative zur Überwindung des Nördlichen Polarmeeres nicht von den Menschen des arktischen Raumes ausgegangen ist. Heute leben dort: in Nordeuropa und Nordsibirien die Lappen, Samojeden, Syrjanen, Tungusen, Jakuten, Tschuktschen, Korjaken, Kamtschadalen, Aleuten u. a. in einer Gesamtzahl von fast 450 Tausend, von denen 40 bis 50 Tausend in der eigentlichen Arktis. Diese Menschen, so weit sie von europäischen und amerikanischen Menschen nicht verdrängt oder durch deren Zivilisation ihrer Eigenart abtrünnig gemacht worden sind, leben noch heute, wie sie vor Jahrhunderten und Jahrtausenden gelebt haben, auf den Boden hin orientiert, auf dem sie wohnen.

Andererseits muß aber auch festgehalten werden, daß die Bemühungen, die vom europäischen und amerikanischen Menschen um die Überwindung des Nordpols ausgegangen sind, in einer ganz bestimmten weltverkehrsgeschichtlichen Situation ihre Wurzel haben. Wie sehr die Beherrschung der Arktis eine Angelegenheit des europäischen und amerikanischen Menschen ist, zeigt auch die Tatsache, daß er es ist, der weit über die Grenzen der Wohnwelt der einheimischen Bevölkerung in die unwirtlichen Gegenden der Arktis vorgestoßen ist, dort lebt und wirkt.

*

An sich sind die Beziehungen des europäischen Menschen zur Arktis alt. Bereits um 870 wurde Island von Norwegern besiedelt und im Jahre 892 stieß Erik der Rote von Island nach Grönland vor. Auf ihren Zügen, die sich über sämtliche Meere Europas erstreckten, entdeckten die Normannen — wahrscheinlich 1194 — auch Spitzbergen, das sie Svalbard, „Land am kalten Rande" nannten. Man ist in dieser frühen Zeit auch bis an den Eispanzer der Arktis vorgestoßen, so schon die friesischen Seefahrer, die bei einer Nordfahrt um das Jahr 1040 in das Treibeis von Ostgrönland geraten sind, dessen Grenze im Mittelalter als der Beginn des „Lebermeeres" [1]), des verfaulten, gefrorenen Meeres (mare putitare congelatum) angesehen wurde.

Mit dem Erlöschen der Normannenzüge hatte der europäische Mensch den Zusammenhang mit den arktischen Gebieten wieder verloren. Die Siedlungen an der Westküste Grönlands: Eystribygd und Vestribygd hörten zum Ende des 14. Jahrhunderts auf zu bestehen (von ihrer einstigen Existenz zeugen noch heute 280 Häuserruinen). Grönland und Spitzbergen mußten erst nach Jahrhunderten wieder neu entdeckt werden.

b) Die wissenschaftliche Erkenntnis von der Kugelgestalt der Erde und die weltverkehrspolitische Bedeutung der Arktis.

Zwischen den Anstößen und Triebfeldern, die zu den frühen und denen, welche dann zu erneuten Entdeckungen geführt haben, besteht ein

---

[1]) Liberen, leberen, lieferen = gerinnen, — niederdeutsch: libberig, klebricht, süß = holländisch Lab, Mittel, die Milch gerinnen zu machen (nach v. Hellwald).

grundlegender Unterschied. Sind die frühen Entdeckungen dem Drang zu verdanken, den vorhandenen Lebens- und Wirkungsraum unmittelbar zu erweitern, so ergeben sich die zweiten Entdeckungen aus dem Streben, einen freien Weg nach den im fernen Südosten liegenden Gewürzinseln und nach China mit den „goldenen Dächern“ zu finden, so daß die Arktis nur mittelbare Bedeutung erhielt als ein Gebiet, über welches der Weg in die Zielländer führte.

Wir haben bereits des transkontinentalen mittelalterlichen Handels Europas mit dem Fernen Südosten gedacht, der Störungen, die durch die politischen Veränderungen im vorderasiatischen Raum und in Ägypten eingetreten sind und der Bemühungen — der Portugiesen um den afrikanischen Kontinent herum und der Spanier in einer Westfahrt über den Atlantischen Ozean — unmittelbaren Anschluß an die Gewürzinsel zu gewinnen.

Die Weltkugel wies aber noch andere Wege nach den ersehnten Gebieten auf als diejenigen, die von den Portugiesen und Spaniern eingeschlagen bzw. versucht worden waren. Zu denen, die diesen Wegen nachgingen, gehörte der Schiffskapitän Cabot, der, aus Chioggia kommend (Provinz Venetien), lange in Venedig gelebt und dort das Bürgerrecht erworben hatte. Er war begierig, das nautische Wissen und Können seiner Zeit sich anzueignen. Er kannte aus eigener Erfahrung nicht nur das Mittelländische Meer, sondern war auf den Gewürzwegen bis nach Mekka vorgestoßen. Er sah dort, wie die Karawanen die Gewürze aus dem Osten brachten, die sie wiederum von anderen Karawanen in Empfang nahmen. Cabot kannte die Schwierigkeiten um den Gewürzhandel. Er überdachte den Weg dorthin auf Grund der neuen Vorstellung von der Gestalt der Erde und kam zu der Überzeugung, daß der kürzeste Weg zu den weit im Südosten liegenden Gewürzinseln über den Nordpol führen müsse.

3. Leistungsgrenze der terrestrischen und maritimen Verkehrsmittel (dargestellt am vergeblichen Ringen um die Durchdringung der Arktis).

Unsere Untersuchung ist von den Spannungen ausgegangen, die die Naturwissenschaft und die Technik im menschlichen Leben hervorgerufen haben. In unserem geschichtlichen Rückblick machten wir es uns deutlich, wie die Naturwissenschaft und Technik das historische Geschehen mitgestaltet und entscheidende Folgen und Notwendigkeiten nach sich gezogen haben. Das Ringen des Menschen um die Arktis gibt uns die Gelegenheit aufzuzeigen, wie der Mensch für die Ausführung seines Vorhabens eine bestimmte naturwissenschaftlich-technische Lösung als notwendig voraussetzt, sie ersehnt und sie herbeizwingt, um auf diesem Wege schließlich seinem inneren Drange Gestalt zu geben. Um diese innere Dynamik des Menschen sichtbar werden zu lassen, seinem von innenher ausgelösten Bewegtsein folgen zu können, wollen wir nicht nur die Ergebnisse dieses Kampfes ins Auge fassen, sondern uns diesen Kampf selbst vergegenwärtigen und auch bei seinen einzelnen Vorhaben Kampf selbst vergegenwärtigen und auch bei einigen einzelnen Vorhaben und Schicksalen verweilen.

a. Auf dem Nordwestwege.

Johann Cabot scheint in seiner Heimatstadt mit seinen Plänen wenig Glück gehabt zu haben; jedenfalls ging er nach Bristol, dessen unternehmungsmutigen Kaufleute fast jährlich Schiffe für Entdeckungsfahrten ausrüsteten. Ein Patentbrief vom 5. März 1496 gab auch ihm den Weg zu Entdeckungsfahrten unter englischer Flagge frei. Anfang Mai setzte er zu seiner Nordwestfahrt an und am 24. Juni bekam er Neufundland zu Gesicht, das er „Prima vista“ nannte. Als Johann Cabot im August des Jahres 1497 mit seinen Entdeckungsergebnissen heimkehrte, erhielt er vom König Heinrich VII. das Versprechen, mit 15 bis 20 neuen Schiffen ausgerüstet zu werden, in der Hoffnung „in London eine noch größere Spezereiniederlage errichten zu können als in Alexandria“. Das war in demselben Jahre als Vasco da Gama den Weg um die Südspitze Afrikas gefunden hatte. Von der zweiten, im Jahre 1498 durchgeführten Reise scheint Cabot nicht zurückgekehrt zu sein. Sein Erbe übernahm sein Sohn Sebastian. Der Gedanke Johann Cabots rief auch andere kühne Seefahrer auf den Plan: so den Portugiesen Cortreal, der nach Neufundland vorstieß und das Festland von Labrador entdeckte und von einer zweiten Reise nicht zurückgekehrt ist, den Franzosen Jaques Cartier, der 1535 den Lorenzstrom bis zum heutigen Montreal hinauffuhr, den Engländer Martin Frobisher, der 1576 zum erstenmal aufbrach und auf seiner dritten Fahrt die Südspitze Grönlands umsegelnd die Hudsonbai entdeckte, den Engländer Johan Davis, der die nach ihm benannte Straße zwischen Grönland und Nordamerika auffand.

Viele andere blieben im Eis stecken oder konnten sich nur mit Mühe dem Eistode entziehen, bis endlich Robert Bylot und William Baffin von ihrer 1615 angetretenen Expedition die klare Erkenntnis heimbrachten, daß eine nordwestliche Durchfahrt in Richtung der Hudsonbai unmöglich sei: Sie hatten festgestellt, daß je weiter sie sich nach dem Westen begaben, um so kleiner die Fluthöhe wurde und schlossen daraus, daß die Hudsonbai ihre Wasser nur von Osten her erhalte.

Für lange Zeit der letzte Versuch, die Nordwestpassage zu erzwingen, geschah unter König Karl I. Unter der Leitung des Kapitäns Lukas Fox wurde eine Expedition vorbereitet, die man mit dem für die damalige Zeit modernsten wissenschaftlichen Rüstzeug ausstattete und an der 31 erprobte Geographen und Seefarher teilnahmen, die gleichsam das gesamte Wissen um die polare Welt in sich vereinigten; die Expedition kehrte vollzählig heim, wohl mit vielen neuen wissenschaftlichen Erkenntnissen bereichert, jedoch ohne den Nordwestweg gefunden zu haben. Die ursprüngliche Absicht wurde aber weiterhin nicht fallen gelassen. Der zur Ausbeute des Landes gegründeten Gesellschaft, der späteren Hudson-Bai-Company, wurde in einem Freibrief vom 2. Mai 1669 erlaubt, auf eigene Kosten Reisen nach der Hudson-Bai und Nord-west-Amerika durchzuführen und zwar außer zur wirtschaftlichen Ausbeute „Zur Entdeckung eines neuen Weges in die Südsee".

Um die Wende vom 18. zum 19. Jahrhundert traten die Versuche in ein neues Stadium. Die englische Admiralität schrieb im Jahre 1817 zwei Preise aus, den einen in der Höhe von 5000 Pfd. Sterling für die Erreichung des 110. Längengrades und von 20 000 Pfund für die Entdeckung des Nordpols. Wohl gelang es William E. Parry im Jahre 1819, den 110. Längengrad zu überschreiten und den Preis von 5000 Pfund zu gewinnen; zur Beringstraße, die er in der Nähe vermutete, drang er nicht durch; Ende September zwang ihn das Eis zur Umkehr. Die weiteren Versuche Parrys, der zu den hervorragendsten Polarforschern gehört, und die Versuche, die Lyon, der frühere Reisebegleiter Parrys und John Roß unternahm, haben jedoch auf dem Wege zu dem seit Jahrhunderten angestrebten Ziele nicht vorwärts gebracht. Zum erstenmal wurde die Nordnordwestpassage entdeckt und überquert von McClure im Jahre 1850. Diese Überwindung geschah aber nicht mit dem Schiff, sondern mit dem Schlitten über die trennenden Landbarren und erwies die Bedeutungslosigkeit der Nordwestpassage für die Verkehrspraxis. Dasselbe endgültige Ergebnis über die Nordwestpassage erbrachte schließlich die Expedition Roald Amundsens in den Jahren 1903—1906, dem es gelang, mit seinem kleinen Schiff „Gjöa" die oft sehr flachen Sunde zu durchfahren.

b) Auf dem Nordostwege.

Neben dem Plan, auf dem Nordwestwege die ersehnten Länder zu erreichen, trat frühzeitig der Plan der Nordostpassage. Auf diesen Weg hatte bereits Sebastian Cabot hingewiesen. Unterstützung fand sein Gedanke durch das im Jahre 1525 in Rom erschienene Buch des moskauischen Gesandten Gerassimow, in welchem er als nördliche Grenze seines Landes ein ungeheures Meer angab: Man brauche nur immer an der Nordküste des moskauischen Reiches entlang zu fahren, um nach China und Japan zu gelangen. Auf Anregung des Sebastian Cabot kam es zur Gründung der Gesellschaft der „Merchant adventurors", die 1553 3 Schiffe für die Nordostfahrt ausschickte; sie sollten bis zur Mündung des Ob segeln, um über diesen und seinen Nebenfluß Irtysch an die Westgrenze Chinas zu gelangen. Zwei von ihnen kamen bis zur Nowaja Semlja; ihre Mannschaften überwinterten dort — die erste Überwinterung in der Arktis —, gingen aber im nächsten Jahre zugrunde. Das dritte unter dem Kommando des Kapitäns Richard Chancellor stehende Schiff, die „Bona Bonaventura", das vom Sturm von den anderen getrennt worden war, gelangte in das Weiße Meer und kehrte 1554 nach der Heimat zurück, nachdem es die nördliche Düna aufwärts gesegelt und Chancellor selbst dann auf dem Landwege Moskau erreicht und mit dem Zaren Iwan IV., dem Grausamen, günstige Handelsbeziehungen angeknüpft hatte.

An der Nordostpassage versuchten auch die Holländer ihr Glück, und zwar war es eine Gesellschaft der Enkhuzener Kaufleute, die in den Jahren 1594, 1595 und 1596 für das Auffinden der Nordostpassage Schiffe ausrüstete. Man stieß 1596 auf die Bäreninseln und Spitzbergen, auf bisher unbekannte bzw. wieder unbekannt gewordene Gebiete. Das eine Schiff, unter Barents Kommando, umfuhr auch die Nowaja Semlja, wurde aber am 21. Juli 1596 von Eis blockiert und einige Tage darauf zerdrückt. Barents rettete sich mit seiner Mannschaft auf die Nowoja Semlja. Erst am 13. Juni 1597 erlaubten die Eisverhältnisse die Weiterreise auf Booten. Die Mannschaft gelangte Ende August — Barents war bereits am 22. Juli gestorben — zum Teil mit Unterstützung moskauischer Schiffe in das Weiße Meer, wo sie das 2. Schiff wiedertrafen, mit dem sie die Expedition angetreten hatten und das sie am 1. Nov. 1597 nach Amsterdam zurückbrachte. Die Nowaja Semlja wurde die unüberwindliche Barriere oder das Grab der Entdeckungsfahrer. Der Engländer Henry Hudson (1607—1608) kam nicht über die Nowaja Semlja hinaus; des Holländers Van Hoorn Versuch (1612), den Weg um die Nordspitze der Nowaja Semlja einzuschlagen, mißlang; und ebenso der 1625 unternommene Versuch der Grönländischen Gesellschaft unter Cornelius Bosman; die Engländer, die ihre Bemühungen fortgesetzt hatten, gaben sie jedoch auf, als im Bereiche der Nowaja Semlja auch die Expedition Woods und Flaves (1676) mißglückt war.

*

Hinzu kamen die Unternehmungen der Kosaken, die dem moskauischen Reich Sibirien unterworfen hatten. Vom Jahre 1633 ab unternahmen sie Fahrten am sibirischen Gestade zwischen den Flußmündungen: Lena, Jana, Indigirka, Kolymna. Im Jahre 1646 umsegelte der Kosak Simon Deschnew sogar die Ostspitze Sibiriens, das nach ihm später benannte Kap Deschnew, und zwar auf einer Fahrt von der Mündung der Kolymna zur Mündung des Anadyr (sein Bericht über die Entdeckung der Meerenge zwischen Asien und Amerika, die später genannte Beringstraße, wurde erst 100 Jahre später aufgefunden). Er ahnte nicht, welche bedeutende geographische Entdeckung er gemacht hatte; auch nicht, daß von ihm die sagenhafte Anianstraße durchfahren worden ist. Die ganze Nordwestpassage zu durchfahren gelang erst dem schwedischen Forscher A. E. Nordenskiöld in den Jahren 1878 bis 1879. Dem russischen Reiche lag es weniger an der Bezwingung der Nordostpassage als an der Erschließung Sibiriens, die seit Peter d. Gr. (Beauftragung des Dänen Vitus Bering; 1725) systematisch in Angriff genommen worden ist. Das Interesse an der Nordostpassage selbst ist erst durch den Krieg mit Japan (1904) ausgelöst worden, dessen Gang dem russischen Staate die dringende Notwendigkeit einer eigenen Verbindung mit dem Fernen Osten vor Augen führte. In einem Vortrage, den L. Breitfuß, einer der besten Kenner der arktischen Verhältnisse, in Petersburg in der kaiserlichen Gesellschaft für Schiffahrt vor Vertretern der Wissenschaft und der Marine hielt, wurde für den Ausbau des nordsibirischen Seeweges eine Planung entworfen, mit deren Ausführung die Sowjetunion beschäftigt ist. Obwohl Breitfuß auch vor einer Überschätzung des nordsibirischen Seeweges gewarnt hatte, trat die russische Regierung sofort an die Durchführung der notwendigen Maßnahmen heran und zwar zunächst an die Errichtung der Polarstationen und den Bau von neuen Eisbrechern.

Im Jahre 1926 nahm auch die Sowjetunion die Arbeiten an der Erschließung des nordsibirischen Seeweges auf und im Jahre 1932 gelang ihr, wenn auch mit schweren Beschädigungen des Schiffes, unter Einsetzung eines Eisbrechers die Fahrt bis zur Beringstraße in einem Sommer, während Roald Amundsen für seine Fahrt durch das Nördliche Eismeer und die Beringstraße noch zweier Überwinterungen bedurft hatte.

Der Einsatz der Wissenschaft und Technik hatte Erfolge gezeitigt: In den Jahren von 1874—1935 waren im europäisch-westsibirischen Abschnitt insgesamt 846 Fahrten unternommen worden: 467 in östlicher Richtung (Ob-Jenissei-Mündung); 379 in westlicher Richtung. In diesen 60 Jahren erreichten wegen Eispressung 65 Schiffe nicht ihr Ziel. Im ostsibirischen Teil, d. h. von Wladiwostok zu den Mündungen der Kolymna und Lena, fanden in der Zeit von 1911—1932 92 Reisen statt, von denen nur 13 ohne eine Überwinterung ausgekommen sind. Dank des Einsatzes der Eisbrecher war es bereits in der Zeit kurz nach dem 1. Weltkriege möglich geworden, die Zahl der mißglückten Fahrten auf 0,5% herabzusetzen. Die sowjetischen Bestrebungen erfuhren eine weitere Steigerung, indem im Jahre 1935 die Arbeiten am nordsibirischen Seewege in den 5-Jahresplan eingegliedert und die „Hauptverwaltung des nördlichen Seeweges" gezwungen wurde, ihre Tätigkeit zu beschleunigen. Unter Einsatz der stärksten der zur Verfügung stehenden Eisbrecher gelangen im Jahre 1935 in der etwa 2 Monate währenden Navigationsperiode 14 Fahrten in der west-östlichen Richtung und mehrere in der ostwestlichen. So fuhr z. B. der Dampfer „Wanzetti" in 32 Tagen von der Waigatsch-Insel bis zur Beringstraße. Im Jahre 1936 konnte die Schiffahrt auf dem nordsibirischen Seewege noch gesteigert werden. In der Navigationsperiode dieses Jahres fuhren 35 Dampfer von Murmansk bzw. Archangelsk nach der Beringstraße und erstmals ein Teil von ihnen sogar wieder zurück und zwar bis zur Kolymna. Bei diesen Erfolgen konnte nicht übersehen werden, daß ihr Grund, abgesehen von dem außerordentlichen Einsatz an Menschen und Geld, in der Temperatursteigerung zu suchen ist, die in den Jahren 1934 bis 1936 im nördlichen Polarmeer eingetreten war. Das zeigte bereits das Jahr 1937, als die Temperatur über dem Nördlichen Eismeer sich wieder gesenkt hatte. Infolge des verfrühten Einbrechens des Winters sind im Raum zwischen den Neu Sibirischen Inseln und Kap Tscheljuskin 25 Handelsdampfer eingefroren. Um die Schiffe herauszuholen wurde die gesamte Eisbrecherflotte eingesetzt; aber auch diese fror ein, so daß insgesamt 42 Schiffe vom Eise eingemauert worden sind und 1100 Menschen in höchster Lebensgefahr standen. Wenn auch durch Einbruch eines besseren Wetters und des Einsatzes der technischen Seefahrts- und Luftfahrtsmittel eine wirkliche Katastrophe verhindert werden konnte, so zeigten doch diese Ereignisse, wie unsicher der nordsibirische Seeweg bleibt, trotz aller modernen wissenschaftlichen und technischen Einsatzmittel.

c) Auf dem Wege zum Nordpol.

Den ersten Pionieren des kurzen Seeweges nach den Südseeinseln schwebte eine Route über den Nordpol vor. Dieser lag aber im undurchdringbaren Eise und die Entdeckungsfahrten führten nur immer in nordöstlicher und nordwestlicher Richtung an diesem Eispanzer entlang. Man hatte aber nichtsdestoweniger die Überwindung des Nordpoles nicht aus dem Auge verloren. Diese Absicht gewann Kraft durch die Hypothese eines möglichen Polarmeeres. Diese Hypothese brachte den

Engländer John Phipps auf den Gedanken, eine „Reise nach dem Nordpol“ zu unternehmen; das Tagebuch der Reise, zu der er am 2. Juni 1773 angetreten ist, trägt diese Überschrift: Er kam nur bis Spitzbergen.

Wir haben bereits erwähnt, wie um die Wende vom 18. zum 19. Jahrhundert die Absicht zum Nordpol vorzudringen, auch die Bemühungen um die Nordwestpassage in ein neues Stadium gebracht und wie die englische Admiralität im Jahr 1817 zwei Preise ausgesetzt hatte: den kleineren (5000 Pfund) für die Erweiterung der Nordwestpassage bis zum 110. Längengrade und den größeren (20 000 Pfund) für die Erreichung des Nordpols. William E. Parry, der im Jahre 1819 sich den kleinen Preis der englischen Admiralität geholt hatte, entschloß sich auch zur Nordpolfahrt. Am 22. Juni 1827 betrat er von Spitzbergen aus den Eispanzer der Arktis auf besonders konstruierten Schlitten, die auch als Bote zu benutzen waren, da die Erfahrung gezeigt hatte, daß das Polareis von eisfreien Wasserflächen unterbrochen war. Am 26. Juli, dem 35. Tage der Schlittenreise, mußte er umkehren: Er hatte die Schwierigkeiten der Fortbewegung auf dem Eise und die Südbewegung des Eises, auf dem er sich in nördlicher Richtung bewegte, in seine Planung nicht mit einbezogen und sich mit zu wenig Lebensmitteln versorgt.

Nach Parry suchten 1853 Elisha Kane und 1868 Nordenskiöld — beide im Banne der Annahme eines Polarmeeres — zum Nordpol vorzustoßen. Beide erreichten den Nordpol nicht. Nordenskiöld brachte aber die entscheidende Erkenntnis heim, daß es kein offenes Polarmeer gäbe, daß der Nordpol nur in mühevollen Märschen über das Packeis erreicht werden könne, oder man müßte warten, bis ein praktisches, taugliches Luftfahrzeug erfunden sei.

Es folgen: die „Zweite Deutsche Nordpolfahrt“ unter Karl Koldewey (1869/70), die amerikanische Expedition unter C. F. Hall (1872/73), die Nordpolexpedition Nordenskiölds (1872/73) und die gleichzeitig unternommene österreichisch-ungarische Expedition unter Payer und Weyprecht, die englische Expedition unter George S. Nares (1875/76). Für alle gilt gleichermaßen, was Nares für sich nach London telegraphieren mußte: „Der Nordpol unmöglich!“ Im Jahre 1879 ging schon wieder eine Nordpolexpedition unter De Long ans Werk, die für den Großteil der Teilnehmer mit dem Tode endete. Auch Friedtjof Nansen erreichte das Ziel nicht, weder mit seinem Versuch, sich vom Eis über den Pol treiben zu lassen (er hatte sich 1893 mit seiner „Fram" nördlich der Neu Sibirischen Inseln einfrieren lassen) noch auf seinem Fußmarsch über das Packeis im Jahre 1895, wenn er auch dem Nordpol so nahe gekommen war, wie keiner vor ihm (86 Grad 4 Minuten). Das gleiche Schicksal wurde zuteil: Ludwig, dem Herzog von Abruzzen mit Umberto Cagni (1897), Otto Sverdrup (1898), Robert Edwin Peary (1902), Dr. Frederick Cook (1906), bis es Peary schließlich am 6. April 1909 gelang, am Nordpol die us-amerikanische Flagge zu hissen (von der Streitfrage, ob auch Cook den Nordpol erreicht hat, können wir hier absehen).

4. Die Leistung der atmosphärischen Verkehrsmittel (dargestellt an der Arktis).

Jahrhunderte lang hatte der Nordpol den menschlichen Geist auf das tiefste beschäftigt. Die verschiedensten Interessenkreise der Menschen kamen zur Äußerung. Es begann mit dem Willen, den kürzesten Weg nach den Südseeinseln zu finden. Der Nordpol wurde schließlich erreicht. Vom Standpunkt der arktischen Forschung interessierte nicht der geographische Punkt als solcher, sondern die Erforschung des Gebietes; und vom Standpunkt des Verkehrs war der Nordpol nicht der Zielpunkt sondern der Punkt, über den hinweg das Ziel zu erreichen war. Und auf dies Ziel hin haben die terrestrischen und maritimen Verkehrsmittel versagt.

a) Die Ausschau nach dem atmosphärischen Verkehrsmittel.

Der Gedanke an das Luftfahrzeug als das der Arctis entsprechende Mittel ist lange vor Nordenskiöld ausgesprochen worden. Bereits der in Brasilien lebende Mönch Bartholomeu Laurenço hatte im Jahre 1709 Johann V. von Portugal den Plan unterbreitet, die Erforschung der Polargebiete von der Luft aus vorzunehmen. Seine „Passarole", ein durch 10 Flügel bewegter fliegender Kahn, eine technisch völlig unverständliche Konstruktion, entzündete zu kühnen verkehrstechnischen Spekulationen. König Johann ging so weit, daß er dem Mönche ein regelrechtes Patent erteilte für die Eröffnung eines fahrplanmäßigen Luftverkehrs zwischen Europa und Südamerika auf der Strecke Lissabon—Dakar—Natal. Neben den kühnen einzelnen „Phantasten“ gab es die kühlen Denker, wie den Gelehrten Agricola, der im Jahre 1717 schrieb: „Was kann es Dümmeres und Lächerlicheres geben, als die, die da glauben, in der Luft fahren oder schwimmen zu können“. Als am 5. Juni 1783 die Brüder Montgolfier ihren Heißluftballon, und als am 27. August 1783 Jacques Charles seinen Wasserstoffballon aufsteigen ließen, als man am 19. September 1783 Tiere aufsteigen ließ, um zu erfahren, ob in den höheren Luftschichten Lebewesen atmen könnten, als dann der Apotheker J. F. Pilâtre de Rozier und der Marquis d'Arlandes am 21. November 1783 als erste einen „Luftspaziergang“ wagten, da kam auch der Tag, an dem die Polarforschung sich dieser neuen Erfindung bediente: Im Jahre 1838 nahm die französische Arktis-Expedition Paul Gaimards einen Fesselballon nach Spitzbergen mit, allerdings nur für meteorologische Beobachtungen. Aber der Fesselballon war noch nicht das Flugzeug, das imstande gewesen wäre, Instrument des menschlichen Willens zu sein: es blieb immer noch der Spielball des Windes.

Während sich immer wieder kühne Männer fanden, die durch Schlitten den Nordpol zu bezwingen suchten, dachte man daran, das Verkehrsmittel zu schaffen, nach welchem Nordenskiöld Ausschau hielt. Der schwedische Ingenieur Salomon August Andrée, der mit Nordenskiöld in Verbindung stand, konstruierte mit Hilfe von Segeln und Schleppseil einen lenkbaren Ballon. Nach einer Vorexpedition im Jahre 1896 startete er am 11. Juli 1897 von Norden von Spitzbergen zum Polarflug. Rauhreif drückte den Ballon auf den Boden und Andrée sah sich genötigt, am 14. Juli 83 Grad nördlicher Breite und 30 Grad östlicher Länge auszusteigen. Die Expeditionsteilnehmer gingen zugrunde. Den zweiten Versuch mit einem Luftschiff den Nordpol zu erreichen, unternahm der Amerikaner W. Wellman, scheiterte aber 1909 in wenigen Minuten. In diesem Jahre wird dem Polarforscher Roald Amundsen klar, daß das neue Verkehrsmittel zur Erreichung des Nordpols nur das Flugzeug sein könne. Als Amundsen im Jahre 1913 nach seiner Südpolfahrt auf einer Vortragsreise durch Deutschland kam, sah er zum erstenmal ein

Flugzeug frei in der Luft und brachte es sofort mit den Aufgaben in der Arktis in Verbindung. Darüber sagt er selber: „Ich stand da und sah die langen Schlittenspuren in der Arktis in frischer Erinnerung, diese Maschine in der Luft in einer Stunde Entfernungen zurücklegen, die bei Reisen in den Polargegenden Tage schwerer Anstrengung kosten würden."

b. Die Polarflüge.

Der erste Einsatz eines Flugzeuges in der Arktis erfolgte schon 1914 bei einer russischen Suchexpedition und zwar durch ein Flugboot unter der Führung des Fliegers Nagurski. Er überflog erstmalig das Packeis und seine Erfahrungen bildeten die Grundlage für alle späteren Flugversuche in der hohen Arktis.

Amundsen, der im Flugzeug das Verkehrsmittel der Arktis begrüßt hatte, lernte im Frühjahr 1914 selber das Fliegen. Zum Flug zum Nordpol kam er jedoch erst am 21. Mai 1925, nachdem der erste wegen Fehlstartes im Jahre 1923 nicht zustandegekommen war. Er unternahm ihn mit zwei Flugbooten (Dornierwalen) von Ny Aalesund auf Spitzbergen aus. Auf 87 Grad 44 Minuten nördlicher Breite und 10 Grad 30 Minuten westlicher Breite mußte infolge Aussetzens eines Motors genotlandet und zum Rückflug angetreten werden.

Der erste, der mit einem Flugzeug den Nordpol erreichte, war der amerikanische Flieger Richard E. Byrd und zwar mit Floyd Bennet am 9. Mai 1926 in 15½ Stunden von der Kingsbai aus auf Spitzbergen. 2 Tage nach Byrd startete Amundsen mit dem Luftschiff „Norge" (insgesamt 16 Mann Besatzung) zu seiner Fahrt. Er flog über den Nordpol hinweg und erreichte nach 46 stündiger Fahrt in der Nähe von Point Barrow das nordamerikanische Festland, landete wegen Nebelwetters nach weiteren 24 Stunden in Teller und überquerte damit zum erstenmal das Polarmeer und dazu noch in seiner Längsrichtung von rund 3500 km. Dieser Transpolarflug wurde im Jahre 1927 glücklich in umgekehrter Richtung (Point Barrow—Spitzbergen) von Georg H. Wilkins mit Carl B. Eielson und zwar im Flugzeug wiederholt.

*

Die Steigerung sowohl der Größe als auch der Leistungsfähigkeit der Flugzeuge gab neue Möglichkeiten zur Überwindung weiter Räume. Bereits im Jahre 1910 hatte der Luftschiffer Walther Bruns in Berücksichtigung der ungeheuren Entwicklung, die die Flugzeuge im 1. Weltkriege erfahren haben, 1919 in einem auf einer Sitzung der „Naturforschenden Gesellschaft" in Görlitz gehaltenen Vortrag, die Möglichkeiten entfaltet, die sich für einen Luftschiffverkehr von Europa nach Japan über das Polarbecken ergäben. Er hat auch die Flugzeit für eine Flugstrecke von Amsterdam — Kopenhagen — Petersburg — Archangelsk—Nome — Vancouver—San Francisco auf fünf bis sechs Tage berechnet. Im Jahre 1924 entstand dann auf Betreiben Bruns' die „Internationale Studiengesellschaft zur Erforschung der Arktis mit dem Luftschiff" („Aeroarctic"). Ein weiterer Schritt war getan, als der Amerikaner Charles A. Lindbergh als erster den Atlantischen Ozean in westöstlicher Richtung überquerte. Durch den deutschen Flieger W. v. Gronau wurde im Jahre 1930 erstmalig die Strecke von Europa—Amerika in ihrer klimatisch schwierigeren Richtung über Island und Grönland überwunden. Im nächsten Jahre konnte von Gronau seine Flugstrecke noch erweitern, indem er über das Grönländische Inlandeis auf der Strecke Scoresbysund—Holstenberg überflog. Gleichzeitig war in den Jahren 1930/31 die „British Air Route-Expedition" am Werk, die Flugverhältnisse zwischen England—Grönland—Kanada zu studieren. Im Jahre 1931 kam die erste und letzte Expedition der internationalen Forschungsgesellschaft „Aereoarctic" mit dem Luftschiff „Graf Zeppelin", die unter der wissenschaftlichen Leitung des sowjetrussischen Forschers Samoilowitsch und unter der Schiffsleitung von Hugo Eckener stand, zur Verwirklichung. Trotz der hervorragenden Ergebnisse, die diese Reise gezeitigt hatte, ist „Graf Zeppelin" das letzte Luftschiff geblieben, das bisher die Arktis überflogen hat. Durch seine technische Entwicklung hat das Flugzeug dem Luftschiff als Verkehrsmittel den Rang abgelaufen.

*

Hinzu kommt nun die gewaltige Aktivität, die von Sowjetrußland über das Nördliche Polarmeer hin entfaltet wurde.

Taf. IV Schematische Darstellung eines US-amerikanischen (New York-zentrischen) Systems der kürzesten Fern-Flugverbindungen

Taf. V Siedlungszusammenballungen in der Gegenwart (ein Punkt entspricht einer Million Menschen)

Bereits 1918 hatten G. Krassinski und A. Wolynski von Wladiwostok aus einen Flug über Anadyr nach der Koljutschin-Bucht unternommen und erstmalig den östlichen Teil Sibiriens umflogen. Die Langstreckenflüge, die jetzt in und von der Sowjetunion vollbracht wurden, standen innerhalb der gleichartigen Bestrebungen an erster Stelle. Im Jahre 1935 vollführte W. S. Molokow in der Zeit vom 16. Juli bis 12. September einen Rundflug von insgesamt 21 000 km über dem ostsibirischen Gebiet zwischen Jakutsk und der Kolymna, von Krasnojarsk aus und zurück nach Krasnojarsk. Im Jahre darauf flog Molokow mit sieben Begleitern von Krasnojarsk aus über Jakutsk, Anadyr, die Wrangel-Insel, Tiksi, Chatanga, Archangelsk und zurück in 51 Tagen insgesamt 26 000 km. Im Jahre 1936 vollbrachte W. Tschkalow einen Nonstopflug von 9344 km, damals Weltrekord, von Moskau aus über das Franz-Joseph-Land, Nordland, Tiksi, Amurmündung. Im gleichen Jahre flog S. A. Lewanewski in 39 Tagen von Los Angeles über San Francisco, Seattle, Fairbanks, Nome, Jakutsk, Krasnojarsk nach Moskau. Im Jahre 1937, vom 9. Februar bis zum 14. Juni, setzte F. Farich mit sieben Begleitern in Moskau zu einem Winterflug an, der ihn über Kasan, Omsk, Krasnojarsk, Irkutsk, Olekminsk, Jakutsk (d. h. durch die kältesten bewohnten Gebiete der ganzen Erde), Anadyr, Wrangel-Insel, Tiksi, Kap Tscheljuskin, Dickson-Insel, Anderma, Archangelsk und zurück nach Moskau führte. Am 18. Juni desselben Jahres setzte schließlich Tschkalow mit zwei Begleitern in Moskau zu einem Nonstopflug an, der ihn in 56 Stunden 20 Minuten über eine Strecke von 9000 km über das Franz-Joseph-Land, den Pol nach Portland (nordwestlich USA) führte. Am 12. Juli folgte ihm auf derselben Route Gromow und zwei Begleiter, landete nach 62 Stunden und 17 Minuten in St. Jacinto in Kalifornien, womit er eine Entfernung von 10 500 km im Nonstopflug überwand. Der dritte, S. Lewanewski, der zu einem Flug von Moskau über den Nordpol nach Amerika startete, verunglückte.

Alle diese Versuche, die unternommen worden sind, haben den Beweis erbracht, daß mit heutigen Flugzeugen eine Überwindung des Nördlichen Polarmeeres möglich ist, wenn man sich mit den Verhältnissen vertraut macht.

5. Neue Möglichkeiten durch das atmosphärische Verkehrssystem (dargestellt an der Arktis).

a) Im Verkehr.

Stellt man diese neuen Aussichten den heutigen Verkehrstatsachen und Verkehrserfordernissen gegenüber, so tritt hervor, daß die wichtigsten Großstädte der Welt sich auf der nördlichen Erdhalbkugel befinden und zwar zwischen dem 30. und 55. Breitengrad, daß bereits ein reiches Flugverkehrsnetz in diesem Breitengürtel ausgebaut ist, daß aber das Netz der kürzesten Verbindungen über die Arktis fehlt, daß also hier eine große Aufgabe bevorsteht.

b. In der Politik.

Daß die Bedeutung des Polarmeeres erkannt ist, davon zeugt die Tatsache, daß es Gegenstand der Macht- und Weltpolitik geworden ist.

Im Jahre 1916 erklärte Rußland alle Inseln, die nördlich seiner Grenze zur Arktis lagen, für sein Hoheitsgebiet, ohne daß die anderen Staaten widersprachen. Auf diese Weise gelangte Rußland auch in den Besitz des durch eine österreichische Expedition entdeckten Franz-Joseph-Landes, das dann von der Sowjetunion zu ihrer wichtigsten polaren Station für den Transpolarflug ausgebaut worden ist. Im Jahre 1934 kam es wegen der Hoheitsverhältnisse in der Arktis zu einer diplomatischen Auseinandersetzung zwischen der Sowjetunion und Großbritannien. Gegenwärtig ist der ganze Raum des polaren Meeres politisch in „Sektoren" aufgeteilt, nach einem Prinzip, das auf den kanadischen Senator P. Poirier zurückgeht. Dieses Prinzip wurde 1925 von Kanada und 1926 von der Sowjetunion anerkannt und die Hoheitsrechte durch Besiedlung einiger hocharktischer Inseln zum Ausdruck gebracht.

Mit der Errichtung der Sektoren haben die machtpolitischen Kräfte und Bestrebungen in der Arktis noch keineswegs ihre endgültige Abgrenzung gefunden. So ist jüngst Spitzbergen wieder in die öffentliche politische Diskussion gerückt worden und zwar durch eine Note der Sowjetunion an Norwegen, in der behauptet wird, die Norwegische Regierung hätte auf Spitzbergen militärische Stützpunkte errichtet, was den bestehenden Verträgen widerspräche. Die parteiamtliche Moskauer Zeitung, die „Prawda“ vom 28. Oktober 1951, hatte hierzu erklärt, daß die Sowjetunion an Spitzbergen und an den Bäreninseln strategisch und wirtschaftlich stark interessiert sei. Wenn auch die Sowjetunion auf Spitzbergen Kohlenbergbau betreibt, so sind die wirtschaftlichen Gesichtspunkte verschwindend gering zu achten gegenüber den strategischen, von denen es in der „Prawda“ heißt: sowohl Spitzbergen als auch die Bäreninseln sicherten der Sowjetunion den Zugang in den Atlantischen Ozean. Man wird diese sowjetischen Argumente um so mehr würdigen, als man die gegenwärtigen politischen Fronten berücksichtigt und wenn man im Auge behält, daß die sowjetische Protestnote an Norwegen zu einem Zeitpunkt erging, da sich das Atlantikpakt-Kommando mit der Sicherung der nördlichen Verbindungslinien mit Amerika befaßte. Wir wissen, welche Bedeutung Spitzbergen als Ausgangspunkt für die Erforschung und verkehrsmäßige Bezwingung der Arktis gehabt hat. Speziell die sowjetrussisch-us-amerikanische Gegenüberstellung beachtend, wird man nicht übersehen dürfen, daß von Spitzbergen aus in ungefähr gleichen Flugzeiten New York, London, Ottawa, Moskau und Sibirien zu erreichen sind.

1946 ist sowjetischerseits den Norwegern eine gemeinsame Militarisierung Spitzbergens vorgeschlagen worden. Auch darin dürfte der grundlegende politische Wandel, der sich in Bezug auf die Arktis vollzogen hat, kund tun, daß die Sowjetunion, nachdem sie im Jahre 1924 den Norwegern die volle Souveränität über Spitzbergen zuerkannt hat, heute danach trachtet, dieses Gebiet wirtschaftlich und strategisch seinem System zuzuordnen bzw. zu verhindern, daß es Glied eines anderen Wehrsystems wird.

c. In der Forschung.

Um das politische Neue zu ermessen, ist es notwendig sich zu vergegenwärtigen, daß diese machtpolitisch in Anspruch genommenen Gebiete vor kurzem nicht nur nicht ein Niemandsland, sondern nicht einmal bekannt waren. So ist z. B. eine Reihe von Inseln, die heute von grundlegender Bedeutung für den Ausbau eines polaren Verkehrssystems sind, erst im 19. zum Teil im 20. Jahrhundert überhaupt entdeckt worden. So 1849 die Harald-Insel vom englischen Kapitän

H. Kellett. Er sichtete auch die Wrangel-Insel und nannte sie Plover-Insel. Eine amerikanische Expedition (Ringgold und Rodgers), die 6 Jahre nach Kellett in jenes Gebiet kam und die Insel suchte, fand sie nicht und leugnete ihre Existenz. Sie wurde dann vom Walfänger Th. Long (Amerikaner) wieder entdeckt, astronomisch geortet und Wrangel-Insel benannt.

Das Franz-Joseph-Land — heute die wichtigste polare Station für die sowjetischen Transpolarflüge — ist erst 1873 von der unter der Leitung von Weyprecht und Payer stehenden österreichischen Expedition entdeckt worden; die Axel Heiberg-Insel, die Ellef Ringnes-Insel, Amund Ringnes-Insel und das König-Christian-Land sogar erst in den Jahren 1898 bis 1902 von dem Norweger Otto Sverdrup; (diese vier Inseln werden auch unter dem Namen Sverdrup-Inseln zusammengefaßt).

Dabei kann die Entdeckungszeit noch gar nicht als abgeschlossen gelten. Es bleibt noch ungeklärt, ob das „Bradley-Land", das Cook-Land bzw. das „Crocker-Land", das Peary auf seiner Nordpolexpedition entdeckt zu haben glaubt, tatsächlich existieren oder nur Luftspiegelungen waren.

Diese Gebietsentdeckungen wurden von Forschung und Wissenschaft auch im engeren Sinne begleitet. Neuartige Aufgaben werden gestellt. Man denke nur an die vielen Aufgaben, die mit der Sicherheit des Fliegens zusammenhängen und deren Lösung angestrebt wird einerseits durch Ausbau der Wetterbeobachtung und der Nachrichtenübermittelung und anderseits durch Konstruktion von immer leistungsfähigeren und für die Polarfahrt geeigneteren Flugzeugtypen. In alledem steht man keineswegs am Ende des Einsatzes, sondern überall mitten drin und vielfach noch am Anfang. Das zeigt z. B. der Stand der Karten der Arktis. So ist z. B. festzuhalten, daß vorläufig für die Arktis noch keine Flugkarten vorhanden sind. Aber nicht nur das. Abgesehen von wenigen kartenmäßigen Einzeldarstellungen, z. B. Spitzbergens, existieren Karten nur in Übersichtsmaßstäben und die sind häufig ungenau und meist veraltet. Nach dem Urteil des sowjetischen Polarfliegers S. T. Spirin gilt dasselbe sogar für die sibirische Küste, die dank dem Vorhandensein einer Schiffahrt eigentlich doch gut bekannt sein müßte.

d. In der Wirtschaft.

Mit der vorwärtsschreitenden verkehrstechnischen Erschließung der arktischen Gebiete schreitet auch die Eingliederung in die einzelnen Volkswirtschaften und in die Weltwirtschaft fort.

Einst war Spitzbergen bekannt durch seinen Reichtum an Walfischen und Pelztieren. Nordenskiöld entdeckte Phosphat. Die Phosphatvorkommen erwiesen sich jedoch als wenig abbauwürdig. Man wandte sich noch im 19. Jahrhundert dem Kohlenbergbau zu. Die Kohle stammt aus der Jura-, Kreide- und Tertiärzeit. Die Tertiärkohle ist mit ihren 81 % Kohlenstoff und nur 2,5 % Asche die beste. Das Gesamtvorkommen wird auf 8,5 Milliarden Tonnen geschätzt. An ihrem Abbau beteiligten sich norwegische, schwedische, deutsche, englische und russische Gesellschaften. Heute sind nur norwegische und sowjetische in Betrieb. Die Belegschaft jener soll 1000 betragen; die der sowjetischen 3000. Die norwegischen Gruben decken 20 v. H. des norwegischen Kohlenbedarfs. Grönlands Reichtum besteht noch heute hauptsächlich in den Tieren. Der Erschließung warten aber auch mineralische Rohstoffe wie Kohle, Graphit, Speckstein, Alaun, Granat, Silber, Kupfer und Kryolith.

Kanada ist allgemein als ein Land der Zukunft bekannt. In der Weltwirtschaft ist es neben dem Pelzreichtum gekennzeichnet durch seine Wälder, durch die Erzeugung von Gold, Nickel, Kupfer, Blei, Zink, Asbest. An diesem Reichtum hat auch Polarkanada teil. Die Transportschwierigkeiten, die dünne Besiedlung des Landes und die Tatsache, daß weite Gebiete des Landes unter Schnee und Eis liegen, machen es, daß die Entdeckungen der wertvollen Mineral- und Petroleumvorkommen fast immer zufälliger Art sind. Was Polarkanada zum allgemeinen Reichtum Kanadas beiträgt ist Kupfer, Silber, Gold, Nickel, Platin. Eine besondere Rolle spielt das Radium. Die am Großen Bärensee gefundene Pechblende enthält fünfmal soviel Radium als die von anderen Orten und ist in solcher Menge vorhanden, daß Kanada in wenigen Jahren an die Spitze der Radium erzeugenden Länder getreten ist. Das schon an Ort und Stelle möglichst konzentrierte Erz wird durch Flugzeuge nach Port Hope (Ottawa) zum Raffinieren geschafft. Polarkanada ist reich auch an nichtmetallischen Bodenschätzen wie: Graphit, Meerschaum,

Lasurstein (Lapislazuli), Glimmer, Quarz. Ein Potential zukünftiger Wirtschaftsentwicklung sind auch die Wasserfälle und Stromschnellen: die weiße Kohle.

Die wirtschaftliche Nutzbarmachung der Reichtümer des Landes steht in engster Verbindung mit dem Verkehr. Dieser folgt im polaren Kanada wie zur Zeit der Entdeckungen größtenteils den Wasserwegen. Eisenbahnen gibt es in diesem menschenarmen Land überhaupt nicht. Auch die Autostraße fehlt fast vollständig. Zum wichtigtsen Transportmittel Nordkanadas ist das Flugzeug geworden und zwar sowohl als Transportmittel für Menschen als auch für Fracht und Post.

Neben Kanada gehört wirtschaftlich auch Sibirien zu den großen Zukunftsländern der Erde. Die Sowjetregierung schenkt diesem Gebiete und vor allem seinem polaren Abschnitt seine größte Aufmerksamkeit. Schon 1919 wurde von Lenin der Plan zur Kultivierung der sowjetischen Arktis entworfen. Um ein richtiges Verhältnis zu dem arktischen Sibirien zu erhalten, ist es gut, sich die wirtschaftliche Rolle zu vergegenwärtigen, die Gesamtsibirien dem eigentlichen Mutterlande gegenüber einnimmt. Auf Grund des letzten 5-Jahresplanes sollte bis zum Jahre 1950 eine grundlegende Verlagerung der sowjetischen Wirtschaftsschwerpunkte aus dem europäischen Gebiet nach Sibirien vollzogen werden. In der Vorstellung vieler Menschen mag Sibirien immer noch ein Land bedeuten, in das der Zar unliebsame Bevölkerungselemente verbannte und das den kostbaren Zobelpelz lieferte.

Da der sibirische Raum ein menschenarmes Land ist, geht die große Sorge der sowjetischen Regierung dahin, in Sibirien Menschen anzusiedeln. Im Zusammenhang damit steht die Sorge um den Ausbau des Transportwesens. Wie in Kanada bilden auch in Sibirien die Wasserläufe den tragenden Boden für den innersibirischen Verkehr. Auf die großen Anstrengungen, die die Sowjetunion bezüglich des nordsibirischen Seeweges unternimmt, um einen durchgehenden und mit dem übrigen maritimen Weltverkehrsnetz zusammenhängenden Seeweg zu erhalten, haben wir bereits hingewiesen. Aber dieser Weg genügt nicht. Sibirien, so wie es heute ist, kann in seiner Struktur ohne Berücksichtigung des Luftverkehrs nicht mehr gedacht werden: der Luftverkehr erfüllt Erfordernisse, zu denen angesichts der Menschenleere des sibirischen Raumes weder das Schiff noch die Eisenbahn fähig sind. Die Fluglinien der Sowjetunion hatten bereits im Jahre 1938 eine Länge von 116 000 km und standen damit an der Spitze des Weltluftverkehrs. Ein erheblicher Teil dieses Luftverkehrs fällt auf die Arktis.

e. Für die Siedlung.

Wir haben zu Anfang unserer Ausführungen unterstrichen, daß die Entdeckung, Erforschung und Beherrschung der Arktis eine Angelegenheit des europäischen und amerikanischen Menschen ist; und in welch hohem Maße sie es ist, erkennt man daran, daß dieser europäische und amerikanische Mensch weit über die Grenzen der Wohnwelt der einheimischen Bevölkerung hinausgestoßen ist. Diese Tatsache birgt eines der wichtigsten Probleme der Erschließung der Arktis in sich.

Die Grenze der Wohnwelt ist gleichzeitig die Grenze der natürlichen Ernährungsmöglichkeit. Jenseits dieser Grenze herrscht der Skorbut, die Krankheit infolge Vitaminmangels. Wenn z. B. der Eskimo im arktischen Gebiet leben und gesund bleiben kann, so dank der Ernährung durch Frischfleisch und Seetang, den er in Tran sottet oder in Wasser kocht. Mit Frischfleisch kann er sich aber in genügendem Maße nur versorgen, wenn er genug Raum zur Jagd hat. Und damit ist auch die Fähigkeit des Landes, Menschen aufzunehmen, bestimmt. Der russische Gelehrte Breitfuß hat für die gesamte bewohnbare, d. h. eisfreie Arktis den benötigten Lebensraum auf 130 qm berechnet. Man vergleiche damit die Volksdichte der europäischen Länder, um das richtige Verhältnis zu diesen Dingen zu gewinnen.

Darum kann an eine Besiedlung der arktischen Gebiete im großen Stile nur so weit gedacht werden, als es gelingt, sie mit eigenen Vitaminspendern zu versehen, wie es z. B. in Island geschehen ist.

In dieser Hinsicht hat sich die Sowjetunion für die Besiedlung Nordsibiriens weitgesteckte Ziele gesetzt. Man züchtet unter Einsatz der Forschung Weizen- und Roggenarten — mit der Fähigkeit in den kalten Wintern und kurzen Sommern der arktischen Gebiete zur Reife zu kommen. Man versucht auch Schweine, Hühner und Kühe an das arktische

Klima zu gewöhnen. Es soll gelungen sein, selbst in den Gebieten in der Nähe des Kältepols Winterroggen zu bauen. Den Vorposten wirtschaftlicher Konzentration folgen die Staatsgüter für Viehzucht und Gemüse. Gleiche Bestrebungen finden wir in den USA in Alaska. Obwohl Alaska der „Eisschrank Amerikas“ ist, ist 1935 der Versuch unternommen worden, in Matanuskatal im Süden bei Anchorage Ackerbau zu treiben. Die Ernten an Getreide, Gemüse und Kartoffeln sollen hervorragend sein. Die Ergebnisse dieser Versuche zeigen für Alaska die Möglichkeit auf, anstatt der noch nicht 100 000 zählenden Bevölkerung, die von Konserven lebt, 10 bis 18 Millionen Menschen anzusiedeln.

Diese Leistung des Menschen auf dem Gebiete der Pflanzen- und Tierumzucht und -umsiedlung, in die das ganze naturwissenschaftliche Wissen und Können hineinspielt, garantiert letztlich, daß der europäische und amerikanische Mensch in den arktischen Gebieten nicht nur Gast, sondern auch heimisch wird.

6. Neuerschließungen und die „Wiedererschließung“.

Wir haben uns eines instruktiven Beispiels bedient, um den Einbruch des atmosphärischen Zeitalters im Verkehr, in der Wirtschaft, in der Politik, im Ringen um neuen Lebensraum deutlich werden zu lassen, ein so instruktives Beispiel, daß die Gefahr aufsteigt, den Eindruck und das Bewußtsein entstehen zu lassen, als ob die Erschließungen der Arktis das Hauptereignis des atmosphärischen Zeitalters würde.

Wie imposant aber auch die Leistung um die Überwindung des Nordpols und der Erschließung des arktischen Raumes sein mag, so kann doch nicht oft genug hervorgehoben werden, daß für die weltgeschichtliche Situation — als Beginn einer neuen Zeit — das Entscheidende ist, daß die kontinentalen Völker, die Jahrtausende hindurch Träger des historischen Lebens gewesen sind, von neuem mit ihrer ganzen Schöpferkraft im gesamten Weltgeschehen erscheinen und es wieder befruchten werden. Gegenüber dieser „Wiedererschließung“ der Kontinentalländer erscheint die Erschließung und Beherrschung der arktischen Welt von zugeordneter Bedeutung.

IV. Forschung und die europäische Sammlung

1. Vorbemerkung

Wir haben uns die Aufgabe gestellt, die Auswirkung der Forschung im historischen Geschehen zu verfolgen und zwar speziell die Auswirkung der naturwissenschaftlichen und technischen Forschung. Es würde kein abgeschlossenes Bild geben, wenn wir nicht auch auf die Naturwissenschaften und die Technik in dem Geschehen unserer Zeit eingingen. Das Bestreben, ein geeintes Europa zu schaffen, ist als die größte Idee des Jahrhunderts anzusehen. Wir haben uns zu überlegen, in welchem Verhältnis die Naturwissenschaften und die Technik zum Problem der Sammlung Europas stehen können.

Die wechselseitige Beziehung zwischen den Naturwissenschaften und der Technik und der Europa-Idee wird deutlicher, wenn wir zuerst nach den Veränderungen fragen, die das atmosphärische Zeitalter gegenüber dem ozeanischen und kontinentalen bringt. Wir werden nämlich in dem atmosphärischen Zeitalter zugleich eine unteilbar werdende Welt erkennen. Und wir werden erkennen, daß die Naturwissenschaften und die Technik die Voraussetzungen hierzu geschaffen haben. Wir werden weiter sehen, daß die geistigen Energien der unteilbaren Welt an zwei Stellen zusammengeballt sind: in den USA und in Europa. Diese zwei Zentren geistiger Schöpferkraft sind die Säulen, auf denen die unteilbare Welt ruht.

Von der Ordnung in Europa und den USA hängt das Schicksal aller Völker und die Weltordnung ab. Von dieser Schau her gesehen, ist die Einigung Europas die Forderung nicht nur eines jeden europäischen Volkes, sondern auch der anderen Völker; die USA, Europa und die unteilbare Welt sind auf Gedeih und Verderb aufeinander angewiesen. Die Naturwissenschaften und die Technik ermöglichen die Errichtung und Aufrechterhaltung der erforderlichen Weltordnung.

2. *Das atmosphärisch-globale Zeitalter ist zugleich das Zeitalter der unteilbaren Welt und das Zeitalter der europäischen Sammlung und Einigung*

Wir wissen, daß die politischen Beziehungen und Auseinandersetzungen im *kontinentalen* Zeitalter sich vorwiegend zwischen *benachbarten* Staaten vollzogen haben. Auch die Handelsbeziehungen waren regional begrenzt, obgleich sie die Grenzen des Staates überwanden. Die weitreichenden von ihnen — die der oberdeutschen Städte, die der oberitalienischen Städte, die der Hanseaten — umfaßten weite Gebiete. Aber auch sie waren „Teilwerke" des Welthandels. Man überlege sich, wie oft die aus China oder Indien stammenden Güter auf dem Wege bis nach Westeuropa ihren Besitzer wechselten. Man überlege sich, wieviel regionale, oft über die Grenzen eines Staates hinausreichende Handelssysteme in Funktion traten, um die Waren aus dem Fernen Osten bzw. Fernen Südosten nach Europa zu bringen oder umgekehrt.

Die technischen Errungenschaften, welche den Bau von für ozeanische Fahrten geeigneten Schiffe ermöglichten, verbunden mit den naturwissenschaftlichen Beobachtungen und Erfahrungen in der Navigation, änderten die Sachlage mit einem Schlage. Zwischen Indien und Lissabon und Brügge wurde nicht nur eine direkte Verbindung hergestellt, sondern auch die billigste. Auch die Leistungsfähigkeit in Bezug auf die zu befördernden Mengen wurde durch diese neue Verkehrstechnik bedeutend gesteigert. Billige Waren indischer Herkunft überfüllten in großer Menge die europäischen Märkte. Die Folge war die Umlagerung, Umbildung und Neubildung wirtschaftlicher Schwergewichte und Organisationen: Venedig, Brügge, Trapezunt, Kaffa traten zurück; Lissabon, Amsterdam u. a. stiegen empor.

Auch im politischen Gefüge Europas vollzog sich ein Prozeß der Umlagerung, Umbildung und Neubildung. Die zwischenstaatlichen Beziehungen und Auseinandersetzungen erhielten im ozeanischen Zeitalter ein anderes Gepräge als im kontinentalen. Wurde in der kontinentalen Zeit das politische Bild durch Auseinandersetzungen zwischen benachbarten Mächten bestimmt, so werden in der ozeanischen Epoche die Auseinandersetzungen in alle Erdteile hinausgetragen. Hier lagen vielfach die Ursachen für die Auseinandersetzungen in Europa. Gesichtspunkte des Kolonialbesitzes, des überseeischen Handels mit den europäischen Völkern und damit die Beherrschung der ozeanischen und europäischen Gewässer traten in den Vordergrund. Die Gegensätze der ozeanischen Welt wurden auf europäischem Boden ausgetragen, umgekehrt die Gegensätze kontinentaler Mächte im überseeischen Raum. Wir haben bereits gesehen, daß jedes der drei geschichtlichen Zeitalter einen eigenen Charakter trägt. So auch der Ablauf der historischen Prozesse in jedem der Zeitalter. Im kontinentalen Zeitalter spielten sich die historischen Vorgänge beispielsweise hinter dem Gebirgsmauerring vorwiegend für sich isoliert ab, ohne etwa die Vorgänge in Europa zu beeinflussen; umgekehrt strahlten die europäischen Ereignisse in ihren Wirkungen über den Mauerring nicht hinüber. Nur in ganz großen Zeitabständen gab es große Ausbrüche: einmal im vierten und dann im dreizehnten Jahrhundert drangen aus der Mongolei heraus große Völkerströme bis tief in das Innere Europas ein. Noch isolierter waren die Vorgänge bei den amerikanischen Maya- und Inkakulturen. Man hat nicht einmal von der Existenz des amerikanischen Kontinents etwas gewußt. Aber sogar, wenn wir uns nur auf Europa beschränken, können wir isolierte, in ihren Wirkungen regional begrenzte historische Vorgänge unterscheiden. Jeder solche historische Vorgang, aus gewissen örtlich bedingten Notwendigkeiten emporgewachsen, bestimmte die Verhältnisse für ein räumlich begrenztes Gebiet, für einen gewissen Kreis von Völkern und Staaten. Durch eine Schlacht und den späteren Vertragsabschluß schuf man politische Bedingungen, die den Ablauf des Völkerlebens lenkten.

In der ozeanischen Zeit ist der Ablauf der historischen Geschehnisse ähnlich, aber die räumliche Ausdehnung der Wirkungen und Regelungen ist größer. Die großen Prozesse laufen hintereinander ab. Die Priorität in der Übersee wandert von Land zu Land. Portugiesen, Spanier, Holländer, Franzosen und Engländer lösen einander ab. Auch hier sehen wir die Aneinanderreihung der Ereignisse, aber die Wirkungen reichen oft hinüber von Erdteil zu Erdteil. Während also im kontinentalen Zeitalter jeder Staat bezeichnenderweise seine Interessen nur an seinen eigenen Grenzen zu verteidigen brauchte, verflochten sich während des ozeanischen Zeitalters die Interessen vieler europäischer Staaten in weiter Ausdehnung.

Anders dagegen liegen die Verhältnisse im atmosphärischen Zeitalter. Während in früheren Jahrhunderten die einzelnen historischen Geschehnisse im großen und ganzen in größeren räumlichen und zeitlichen Abständen abgelaufen sind, drängen sich in unserem Zeitalter Ereignisse zusammen, die ihrer Entwicklung nach weit auseinanderliegen. Ein weiteres Zeichen des Zeitalters ist es, daß kein bedeutendes politisches Ereignis für sich isoliert bleiben kann; es löst zugleich eine die ganze Welt umspannende Kette von Ereignissen aus. Sarajewo schien sich aus einer nur regionalen Spannung ergeben zu haben, obwohl das atmosphärische Zeitalter sich erst anmeldete. Die Danziger Frage und die des Korridors — ihrem Wesen nach eine deutsch-polnische Angelegenheit — wurde für die ganze Welt folgenreich. Die weltumspannende Verflochtenheit der Völkerschicksale im anbrechenden Zeitalter kommt im Korea-Konflikt zum Ausdruck. Die Vorgänge in Griechenland, in Indochina und im Iran bringen die Tatsache der Unteilbarkeit der Welt einem jeden immer mehr zum Bewußtsein. Es sieht so aus, als hätten im neuen Zeitalter nur die Vorgänge Anspruch darauf, historisch genannt zu werden, deren Auswirkung eine globale ist.

Solche weltumspannende Geschichte ist nur durch die Mittel der hochentwickelten Technik möglich geworden. Wir erwähnten bereits, daß Ereignisse, die ihrer Entwicklung nach weit auseinander liegen, sich während des atmosphärischen Zeitalters zusammendrängen. Das sind gewachsene politische Zustände und Probleme. Jedes von ihnen verlangt seinen eigenen Ablauf und seine eigene Lösung, eine Lösung, die ihren spezifischen Charakter haben würde. Trotz ihrer grundsätzlichen Verschiedenheit werden diese Einzelprozesse vermengt und zu einer gleichzeitigen Erledigung gedrängt. In diesem großen Weltprozeß werden politische Zustände verschiedener Völker und Länder vermischt, politische Zustände, die verschiedenen historischen Phasen angehören. Die nordafrikanischen Berberstämme, die sich in einer Phase befinden, wie sie etwa dem ritterlichen Mittelalter in Europa entspricht, sind mit uns schicksalsverbunden und, ohne es zu wissen und zu wollen, in die Probleme Europas mit hineingestellt. Dem in seiner Lebensstruktur bäuerlichen China werden soziale Lösungen aufgezwungen, die im hochindustriellen Westeuropa „erdacht“ worden sind.

In der Zeit der größten politischen Auseinandersetzung können mit technischen Mitteln propagandistische Absichten und kriegerische Operationen von einem Umfang, einer Wucht und Auswirkung eingesetzt werden, wie sie die Weltgeschichte zuvor nicht kannte. Und alle diese Leistungen und Wirkungen können in einem einzigen kurzen Zeitabschnitt zusammengeballt und zugleich fast überall und weltumspannend eingesetzt werden. Ein Feldherr noch aus der Zeit vor den Weltkriegen konnte eine Operation leiten, die er von seinem Befehlsstand aus mit dem Fernrohr überblicken konnte. Heute versetzt ihn die Technik in die Lage, die ganze Welt zu über„blicken" und eine weltumspannende Operation mit großer Präzision zu leiten. Die Technik befähigt ihn, durch drahtlose Nachrichtenübertragung blitzschnell zu erfahren, was im gegebenen Zeitpunkt an jedem Punkt der Erde geschieht; er kann seine Befehle jedem seiner auf der ganzen Welt aufgestellten Befehlsempfänger blitzschnell und gleichzeitig zuleiten. In gleicher Weise erfährt er, welche Erfolge oder Mißerfolge die Operationen in der ganzen Welt zeitigten.

Welch eine enorme Energiekonzentration gestatten die Naturwissenschaften und die Technik unserer Zeit, erzeugt und getragen von einer großartigen Industrieorganisation! Mit welcher Wucht kann der Mensch in die heutigen geschichtlichen Geschehnisse eingreifen und Entscheidungen erzwingen, die noch in der Zeit vor den Weltkriegen undenkbar gewesen wären! Wir deuten an, welche Möglichkeiten die Naturwissenschaften und die Technik dem Feldherrn für die Ausführung seines Vorhabens freistellt. Sein Befehlsstand zeigt eine ungeheure Höhe, sein Fernrohr einen unermeßlichen Breiten- und Fernblick, und sein Signalhorn wird in jedem Dorf der Welt hörbar. In eine kurze Zeitspanne zusammengedrängt, kann er die mächtige Zusammenballung der Willenskraft der Völker und der Energien der modernen Industrien auf einen Punkt der Erde konzentrieren bzw. zu einem weltumspannenden Vorgang machen. Auf seine Entscheidung kommt es an, ob er dem weißen Ritter Georg, dem Drachentöter, dem Sohn der Sonne und des Mondes folgen, oder ob er die Mächte aus dem Tartaros heraufbeschwören will.

Man vergegenwärtige sich, wie sehr sich ein jedes Volk von der Möglichkeit entfernt, die Angelegenheiten, die seine nationale Existenz begründen, nur im Rahmen und auf dem Boden seines Volkstums mit nur eigenen Kräften regeln zu können! Ein jedes europäisches Volk ist von den politischen, wirtschaftlichen und geistigen Strömungen und Zuständen abhängig, die in ganz Europa herrschen, und diese wiederum von denen, die in der Welt vorhanden sind. Die Leistungen und Wirkungen eines jeden europäischen Volkes können kaum noch in den Volksgrenzen bzw. Staatsgrenzen beschränkt gedacht werden. Sie greifen leicht über diese Grenzen hinaus und werden zum Anliegen Gesamteuropas.

Es genügt bereits, daß ein Konflikt in einem Lande ausgebrochen ist, und schon melden sich von jeder Ecke der Erde alle jene politischen Spannungen, die längst hätten gelöst sein sollen, die aber noch lange Zeit hätten, gelöst zu werden. Viele Konflikte, die noch hätten ruhen können, werden bei dieser Gelegenheit akut. Alle diese Bestrebungen würden nicht — und jedenfalls nicht alle zugleich — zur welthistorischen Auswirkung kommen können, wenn die Weltmächte nicht über die von den Naturwissenschaften und der Technik gelieferten Mittel verfügen würden. Wir erinnerten oben, daß das kontinentale Zeitalter nur getrennte historische Geschehnisse kannte. Welche Verbindungen hatte z. B. der Kampf Karl Martells gegen die Araber an den Pyrenäen mit Ereignissen in Korea oder Japan? Indessen war die Schlacht von Poitiers (732) für das Schicksal Europas entscheidend. Und in der Gegenwart? Hängen nicht die Ereignisse in Korea, in Griechenland, in Indochina, an der Elbe und den Dardanellen miteinander zusammen? Und warten alle diese Probleme und viele andere nicht auf Lösungen, die gleichzeitig erfolgen müssen, also auf die einzige, allen gemeinsame Lösung?

Die Welt ist tatsächlich unteilbar geworden, und in dieser unteilbaren Welt rücken die europäischen Völker zu einer engen Lebensgemeinschaft zusammen. Das Schicksal will es so haben, es treibt sie zusammen. Sucht ein noch so großes europäisches Volk auch aus momentanem Eigennutz den Weg zur Absonderung, so wird es dennoch früher oder später in diesen umfassenden historischen Prozeß hineingezogen werden, sofern es den Feinden Europas nicht gelingen sollte, den Einigungsvorgang im Keime zu ersticken. Und diese Gefahr für Europa ist groß! Daß daraus völlig neue Notwendigkeiten und Folgeerscheinungen zu erwarten sind, versteht sich von selbst.

*

Der neuzeitliche Personen- und Warenverkehr, ebenso wie der Nachrichten- und Finanzverkehr bringen die Völkermassen verschiedener Kontinente in ein intensiveres Verhältnis, als dieses jemals möglich gewesen ist. Das hat seine psychologisch-geistige, politische, wirtschaftliche, soziale und kulturelle Auswirkung.

Durch das Zusammenleben der Völker im Krieg und im Frieden hatte sich in der kontinentalen Zeit eine besondere Art ihrer Lebensstruktur und ihrer Beziehungen untereinander herausgebildet sowie ein bestimmtes Aufeinanderangewiesensein und Aufeinandergestelltsein im Rahmen einer gemeinsamen Lebensordnung.

Die ozeanische Entfaltung brachte eine Reihe von Tatsachen, Erfahrungen und Werten, die in der bisherigen Lebensordnung des kontinentalen Zeitalters keinen Platz gefunden hatten, was notgedrungen einen Umbildungsprozeß einleitete. Ähnlich geht es auch im atmosphärisch-globalen Zeitalter vor sich. Auch hier melden sich entsprechende Umwandlungen der Lebensordnung an. Der von Naturwissenschaften und Technik geprägte Verkehr hat die Kontinente und Völker eng aneinandergebracht und die Welt unteilbar gemacht. Hatten wir im kontinentalen und ozeanischen Zeitalter immer wieder die gesonderten Entwicklungen einzelner Bewegungen feststellen können, so beobachten wir im atmosphärisch-globalen Zeitalter das Ineinander der Entwicklungen.

3. Naturwissenschaften und Technik und die Sammlung Europas

Die Technik, wie wir sie heute kennen, ist ein sehr empfindliches Instrument. Sie braucht ständige Pflege und Aufsicht, um fehlerfrei zu funktionieren. Ihre Leistung hängt aber von verschiedenen Faktoren ab, vor allem von politischen und psychologischen. Ihre Leistungsfähigkeit ist abhängig von der Art ihrer Organisation und auch von dem Umfang der Organisation. Erst wenn eine technische Organisation einen bestimmten Umfang erreicht hat, gestattet sie technische Lösungen, die besonders sinn- und ertragreich sind. Die auf kleinem Raum gezogenen Staatsgrenzen in Europa sind zugleich eine enge Begrenzung von technisch-industriellen Möglichkeiten. Diese Einengung verbietet es, zu sinnreichen technischen Lösungen, d. h. zu ertragreicheren Konstruktionen vorzustoßen. Als an ein Demonstrationsbeispiel sei an die elektrische Energieerzeugung und Energiewirtschaft in einzelnen Staaten Europas gedacht. Wir kennen die Verteilung der Wasser-Energiequellen auf diesem Kontinent und die Vorteile, die für ein jedes europäische Volk entstünden, wenn diese Energiequellen vom Standpunkt einer gesamteuropäischen Energiewirtschaft aus ausgebaut würden. So lassen die um kleine Räume gezogenen Grenzen in Europa keine großen, den ganzen Kontinent erfassenden und damit am zweckdienlichsten arbeitenden technischen Arbeiten zu. Die psychologischen Belastungen, die durch die enge Begrenzung der Lebensmöglichkeiten entstehen und den menschlichen Geist einengen und bedrücken, müssen überwunden und beseitigt werden. Und das kann nur durch Sammlung und Einigung Europas erreicht werden.

Das Schwinden des Vertrauens zu dem großen technischen Werk, an dem die Menschen arbeiten, muß außerordentliche Störungen in das ganze Getriebe hineinbringen, da ja von ihrer Arbeit das Gelingen des Werkes abhängt. Dieses mangelnde Vertrauen zur Technik, ja das Mißtrauen zu ihr, rührt neben anderem auch aus dem Gefühl der mangelnden sozialen Ordnung und Sicherheit her. Soll diese innere Absage an die Technik überwunden werden, dann muß das geeinte Europa so gegründet sein, daß diese Hindernisse, die sich einer sinnvollen Groß-Technik in den Weg stellen, überwunden werden können. Ein geeintes Europa wird auch in der Lage sein, sowohl die technischen und politischen als auch die wirtschaftlichen Voraussetzungen hierfür zu schaffen. Bezeichnend für die eigentümliche Situation der Forschung unserer Zeit ist die Tatsache, daß sie die Lösung von Problemen in Angriff nimmt, deren Bewältigung eine wissenschaftliche Großorganisation verlangt. Es werden wissenschaftliche Aufgaben bearbeitet, die den Einsatz eines großen sich um eine bedeutende Forscherpersönlichkeit gruppierenden und von ihr gelenkten Forscherstabes verlangen. Typische Beispiele hierfür bilden in Deutschland die biochemischen Arbeiten, die in Göttingen unter Windaus oder die Untersuchungen über Blutfarbstoff, die in München unter Hans Fischer ausgeführt worden sind. Auch die Forschun-

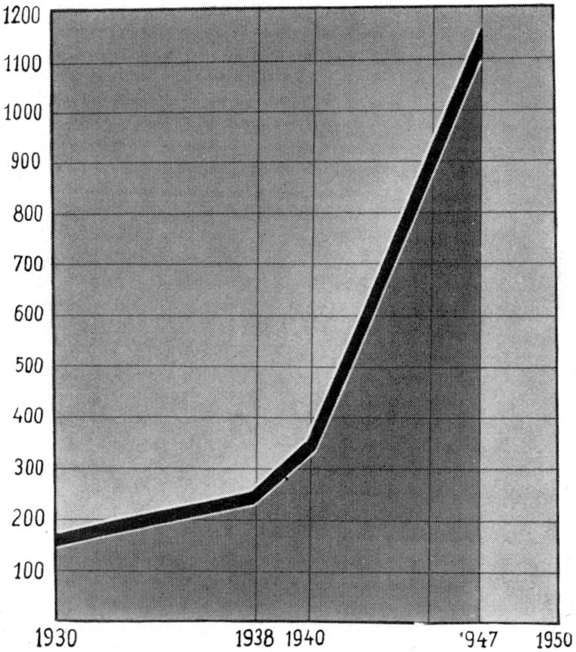

Taf. VI Ausgaben der USA für Wissenschaft und Forschung in den Jahren 1930, 1938, 1940, 1947

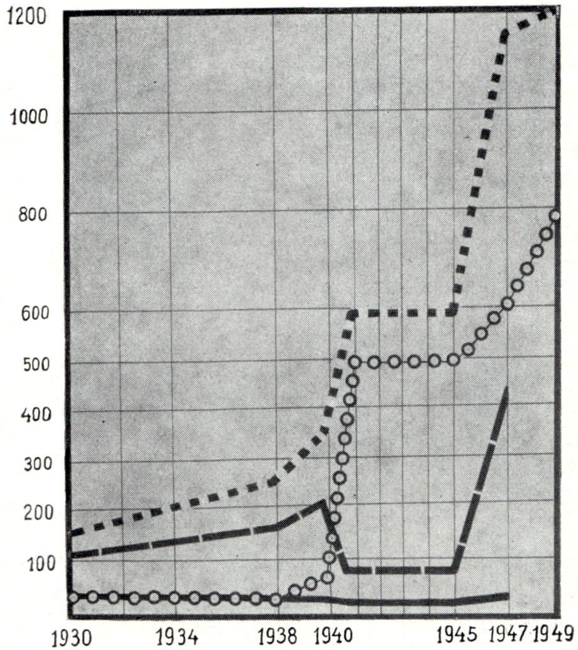

1.

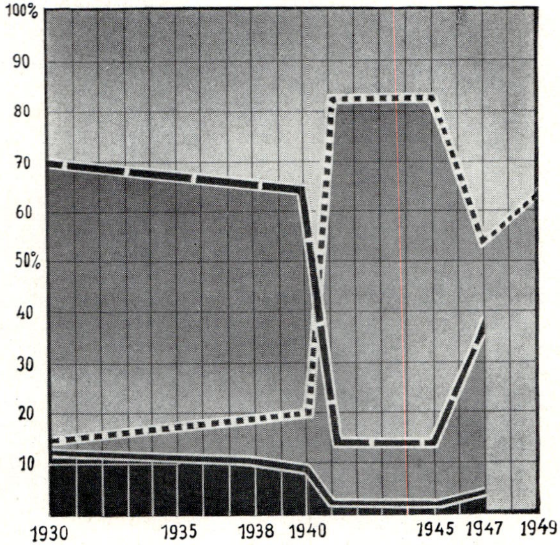

2.

Taf. VII Ausgaben der USA für Wissenschaft und Forschung in den USA von 1930—1947 bzw. 1949

1. In Millionen Dollar: Gesamt (▬ ▬ ▬), Staat (o-o-o), Industrie (▬▬ ▬▬), Universitäten (▬▬▬)

2. Prozent oder Anteil an der Finanzierung: Industrie (▬▬ ▬▬), Staat (▬ ▬ ▬), Universitäten (Mittel aus privater Stiftung) (▬▬▬)

gen z. B. auf dem Gebiete der synthetischen Treibstoffe, der künstlichen Fasern, der Kunststoffe u. a. m. gehören zu jener Forschungsgruppe, die als größere Fragenkomplexe studiert werden müssen. Die Großtaten der Forschung, wie beispielsweise die Synthese des Indigos, der Kontaktschwefelsäure, des Ammoniaks, des Methanols, des Buna, der Kohlenhydrierung u. a. m. wären ohne einheitliche und zielbewußte geistige Leitung nicht zu vollbringen gewesen.

Diesen in Deutschland vollbrachten Großtaten der Forschung entsprechen Großtaten in anderen Ländern der Welt. Keine der Großtaten kann sich jedoch mit dem messen, was die USA auf dem Gebiete der Atomforschung und ihrer Anwendung geleistet haben.

Auf den meisten Gebieten der industriellen Produktion veralten die Herstellungsverfahren im Laufe von etwa 1 bis 1½ Jahrzehnten und sie werden in dieser Zeit fast zur Hälfte durch neue ersetzt. Eine alte Erfahrung der chemischen Wirtschaft besagt, daß etwa 40% der Sortimente an Farbstoffen, Pharmazeutika und sonstigen chemischen Erzeugnissen nicht älter als 10 Jahre werden, das heißt, daß fast alle 25 Jahre ein völliger Wechsel des Produktionsprogramms notwendig wird.

Jeder Stillstand in der Forschung hat sehr bald einen technischen Rückschritt zur Folge. Die Pflege und dauernde Fortbildung der Forschung ist nicht nur eine Sache des Einsatzes geistiger Kräfte, sondern auch geldlicher Mittel. Die Notwendigkeit einer Großorganisation der Forschung ist von vielen Industrieunternehmungen erkannt worden und es sind auch entsprechende Einrichtungen geschaffen worden. Die Unterhaltung dieser Forschungseinrichtungen verlangt oft sehr hohe Geldbeträge. Die Summen, die z. B. in der IG.-Farbenindustrie für die Forschung ausgegeben wurden, lagen wesentlich höher als die Gewinnanteile, die an die Aktionäre ausgezahlt wurden (W. Reppe).

Nicht nur die wirtschaftliche, sondern auch die militärische Stärke eines Landes hängt von dessen Industriekapazität ab. Ein starkes Industrieland ist reich. Die Industrie in ihrer wirtschaftlichen, technischen und kapitalbildenden Leistung setzt es in die Lage, über ein großes Kriegspotential zu verfügen, eine starke Armee zu unterhalten und im gegebenen Falle einen zeitlich und räumlich ausgedehnten Krieg zu führen. Nur ein reiches Land, reich an Bodenschätzen, reich an Rohstoffen, reich an Industrieprodukten und Absatzmärkten, reich an Kapitalien, kann eine Armee unterhalten, die den Anforderungen eines heutigen Krieges gerecht wird. Die Armee allein reicht nicht aus, um einen modernen Krieg erfolgreich zu führen. Können doch während des Krieges technische Neuerungen wirksam werden, welche die Kriegführung auf völlig neue Grundlagen stellen und damit das Kräfteverhältnis von Grund auf verändern. Der Verlauf des Zweiten Weltkrieges ist ein markantes Beispiel dafür.

Für den anfänglichen Verlauf der Kriegshandlungen war sicherlich das in der Industrie und Wirtschaft aufgestapelte „Kriegspotential" maßgebend; für den weiteren Verlauf aber, vor allem für die letzte Entscheidung ist das „wissenschaftlich-geistige" Kriegspotential, ist der Forscherstab als Schöpfer neuer Dinge, die überraschend in die Kriegsgeschehnisse hineingeworfen wurden, ausschlaggebend geworden.

Es gibt keinen Maßstab, mit dem die Entwicklung der Forschung und ihre Stellung im historischen Geschehen gemessen werden könnte, vor allem nicht ihre Auswirkung auf die Zukunft. Trotzdem kann man es versuchen, diese Entwicklung in irgendwelchen äußeren Werten zu erfassen. Man findet sie beispielsweise in den Geldbeträgen, die in den einzelnen Ländern für die Wissenschaft ausgeschüttet werden. Als Beispiel wollen wir uns die in den USA für die Zwecke der Wissenschaft und Forschung ab 1930 verausgabten Gelder vergegenwärtigen (siehe Taf. VI u. VII).

Die Linie, auf die die Werte eingetragen sind, zeigt für die Zeit vor dem Zweiten Weltkriege einen Knick. Betrugen die Ausgaben im Jahre 1930 insgesamt 166 Millionen Dollar und im Jahre 1938 264 Millionen Dollar, so stiegen sie im Jahre 1940 auf 345 und in den Jahren 1941/1945 auf 600 Millionen Dollar jährlich. In den Nachkriegsjahren 1947 und 1949 erreichte sie sogar die Höhe von 1160 bzw. 1200 Millionen Dollar. In der Knickstelle (vom Jahre 1940 zum Jahre 1941) kündigt sich die große Zeit der Forschung an. Diese Ausgaben sind auch in anderen Staaten wie Frankreich, England, Spanien, Italien bedeutend angestiegen. Pro Kopf betragen sie 1947 in den USA 9 Dollar und in England 2,10 Dollar. Für das Jahr 1957 sollen sie nach dem Steelman-Plan in den USA bereits 18 Dollar pro Kopf ausmachen.

Die wachsende Bedeutung der Forschung und Wissenschaft erkennt man nicht nur an den aufgewandten Beträgen, sondern auch an der Verlagerung des Schwergewichts der Forschung aus den privaten Händen in die des Staates. Sehr deutlich zeigen dieses die Verhältnisse in den USA. Bis zum Beginn des Zweiten Weltkrieges lagen Initiative und Interesse für Forschung und Wissenschaft bei Privatpersonen. Die Universitäten als Stätten der Forschung und Wissenschaft wurden aus privaten Mitteln finanziert (sie sind Stiftungen privater Personen), und das Schwergewicht der Forschung lag bei der Industrie. Im Jahre 1940 schaltete sich der Staat ein, erkennend, daß die Forschung und Wissenschaft nicht mehr die Angelegenheit der privaten Industrie bleiben und den Zufälligkeiten ihres Konjunkturlaufes ausgesetzt werden könnten, sondern daß er seinerseits ihre Entwicklung unterstützen, ihr seine Betreuung, Pflege und Schutz angedeihen lassen müsse (s. Taf. VII). Bereits 1941 verschob sich in den USA auf dem Gebiete der Wissenschaft und Forschung die Initiative zu Gunsten des Staates. Der prozentuale Anteil an der Finanzierung der Forschung und Wissenschaft sah folgendermaßen aus:

	Staat	Industrie	Universität	Sonstiges
1930	13,9	70	12,6	4
1938/40	18,2	67	10,6	4
	19,4	66,4	9	3,7
1941/45	83,5	13,4	1,6	1,6

So hat sich der prozentuelle Anteil des Staates, der Industrie und der Universitäten (privater Stiftungen) an Geldmitteln für die Forschung im Verlaufe des letzten Jahrzehntes bedeutend geändert und zeigt, wie die Forschung in den Gesichtskreis und in die Interessensphäre des Staates und damit in die Reihe der aktuellen Probleme der nationalen Existenz des Volkes gerückt ist.

Und welche Bedeutung die Wissenschaft heute im Leben eines Volkes gewonnen hat, kann man sich an den Ausgaben vergegenwärtigen, die die USA für Forschung aufbringen und die bereits 1 v. H. des Nationaleinkommens ausmachen.

Der Staat sieht sich gezwungen, die Finanzierung und damit auch die Förderung der Forschung für die Sicherung der Gegenwart und Zukunft des U.S.-amerikanischen Volkes in die Hand zu nehmen.

Wir wiederholen: Großtaten der Forschung müssen als ein wesentlicher Charakterzug der modernen Wissenschaft, als eine Quelle neuer Lebensmöglichkeiten angesehen werden. Um diese Taten zu vollbringen und einen neuen Bereich von Möglichkeiten zu entdecken und zu erdenken, müssen wir große geistige und materielle Mittel aufwenden.

Um die Lösung der Europa zufallenden Probleme zu gewährleisten, müßte man etwa ähnliche geistige und materielle Leistungen vollbringen, welche die USA für die Forschung bereits aufzuweisen hat. Welches europäische Land allein könnte diese Summen aufbringen? Nur Europa als Ganzes könnte Probleme von so großer Tragweite in Angriff nehmen. Die Schaffung einer wissenschaftlichen Organisation, welche in der Lage wäre, die vor den europäischen Völkern stehenden Probleme zu lösen, ist nicht nur eine Angelegenheit des Geldes allein, sondern auch eine besondere geistige Leistung, die zu vollbringen kein Volk Europas allein in der Lage wäre. Die Schaffung einer größeren Organisation der europäischen Forschung entspricht nicht nur den Interessen eines jeden europäischen Volkes, sondern sie dürfte auch eine Notwendigkeit für die Beziehungen mit der unteilbaren Welt bedeuten. Es dürfte wohl genügen, wenn wir jenen Forschungsbereich erwähnen, der mit der Schaffung eines atmosphärischen Weltverkehrssystems zusammenhängt. An einer anderen Stelle hatten wir die Gelegenheit, über die Gestaltung des Wasserstraßensystems, der Wasserkraftwerke und des elektrischen Energie-Übertragungsnetzes zu sprechen.[1]) Wir haben dabei erkannt, welche Forderung die elektrische Energiewirtschaft des geeinten Europas an die Technik stellt. Sie müßte die gewaltigen Wasserkräfte Skandinaviens, der Alpen, der Pyrenäen, des Kaukasus und anderer Gegenden nutzbar machen und zwischen diesen weit auseinanderliegenden Kraftquellen ein Übertragungsnetz von elektrischer Energie ausspannen. Es liegt auf der Hand, welche energiewirtschaftlichen Vorteile einem jeden europäischen Volke durch diese technische Einrichtung zufließen würden.

Ein anderes Beispiel wäre auf dem Gebiete des Verkehrs zu erwähnen. Seit je sind die Wasserstraßen die billigsten Verkehrswege. Die euro-

---

[1]) Polare unteilbare Welt. Nation — Europa — Welt. Im Druck (Verlag Kunst und Wissenschaft, Baden-Baden).

päischen Flüsse haben keinen geringen Anteil an dem Güteraustausch unter den Völkern. Es gibt keinen anderen Kontinent in der Welt, welcher ein so dichtgesponnenes natürliches Wasserstraßennetz aufweist wie Europa. Aber sind diese Wasserstraßen des Kontinents tatsächlich genügend ausgebaut? Natürlich nicht. Die einzelnen Völker sind nicht in der Lage, ein so großes technisches Problem zu lösen, weder technisch noch finanziell, von den politischen Schwierigkeiten schon ganz abgesehen. Welches Land würde die Initiative ergreifen, ein gesamteuropäisches Wasserstraßensystem zu bauen und seinen Ausbau auszuführen? Die Instanz, der die Kompetenz einer solchen Planung und die Ausführung eines solchen Werkes unterliegen könnte, dürfte nur bei dem vereinten Europa liegen. Nur ein vereintes Europa hätte genügend technische und finanzielle Kräfte, ein solches Vorhaben auszuführen. Man könnte die Zahl der Probleme noch vermehren, deren Lösung die Kraft jeweils eines europäischen Volkes übersteigt und nur durch die technische und finanzielle Organisation Gesamteuropas bewältigt werden kann.

Welche großartigen Aufgaben entstehen für die europäische Forschung und Technik bei Problemstellungen von derartigen Ausmaßen! Welch einer gehaltreichen geistigen Entfaltung und welch einem vielseitigen materiellen Nutzen würden die Völker Europas entgegengeführt, wenn die entsprechenden Lösungen jener Aufgaben vorlägen und in die Tat umgesetzt würden! Und diese Erfolge blieben sicherlich nicht auf Europa beschränkt. Auch den außereuropäischen Völkern flössen sie zu.

V. Das atmosphärisch-globale Zeitalter ist zugleich das Zeitalter der Forschung

(Forschung und Unterricht von heute — Fortbestand und Fortentfaltung der Kultur und Lebenshaltung von morgen)

1. *Naturwissenschaften und Technik im heutigen Sinne sind jung*

Die Forschung im modernen Sinne hat wie jedes Gebilde, welches sich aus kleinen Anfängen mächtig entwickelt hat, keinen Anfangspunkt, dessen einigermaßen eng umgrenzte Festlegung denkbar erscheint. Die geistigen Wurzeln der neueren Forschungsentwicklung reichen wohl bis Galilei, in den Empirismus des Francis Bacon (1561—1626) und in die englische Aufklärungsphilosophie zurück. Das Gedankengut, welches einerseits die für den Aufschwung der modernen Forschung nötige Spannung, andererseits aber das für deren Ansätze nötige Wissen geschaffen hat, wurde dann weiter von dem französischen Rationalismus, insbesondere von den Enzyklopädisten entwickelt. Es kamen bestimmte politische Momente hinzu, welche einen für die Entwicklung günstigen Boden vorbereiteten. Die erste große Zeit der Forschung in Laboratorien und Studierstuben — das steht außer Zweifel — fällt in den Anfang des 19. Jahrhunderts. Gewiß wurzeln einige Disziplinen in dem Denken der alten Griechen, aber die große Entwicklung im modernen Sinne ist neu.

Wohl hat es schon eine antike Geometrie der Kegelschnitte gegeben. Sicherlich gab es in der altgriechischen Philosophie auch eine Lehre vom Atom; ihre Anfänge sind bereits bei Thales (6. Jh. v. Chr.) und seinem Schüler Anaximander zu finden. Demokritos und Leukipp haben die Vorstellung von den Atomen in eine zusammenhängende Lehre gebracht, der Epikuräer Lukretius Carus (96—55 v. Chr.) im Alten Rom hat sie in seine streng kausal begründete Naturlehre aufgenommen. Aber im Laufe der Jahrhunderte waren diese Ideen in Vergessenheit geraten. Erst der französische Philosoph Gassendi (1592—1655) griff diese Lehre wieder auf. Obwohl die älteren Atomlehren philosophischen Spekulationen entsprossen waren, hat man doch in alter Zeit mit dem Begriff Atom recht handgreifliche Vorstellungen verbunden.

Im Gegensatz dazu formte sich der neue Begriff des Atoms auf Grund der Erfahrungen der Chemiker. Die Entwicklung des modernen Atombegriffs beginnt eigentlich mit der Entdeckung der chemischen Elemente, geht über die kinetische Theorie der Materie zu den Untersuchungen der Strahlungserscheinungen bei Gasentladungen, erhält einen neuen Auftrieb durch die Entdeckung der radioaktiven Elemente und scheint in der theoretischen Ausgestaltung der letzten Jahre in eine mathematische Abstraktion münden zu wollen. Von einem Atom im buchstäblichen Sinne des griechischen Wortes kann nicht mehr die Rede sein. Der moderne Begriff des Atoms ist aus einem ganz anderen Geiste entstanden als demjenigen der alles Experiment verachtenden Antike. Der Begriff des Atoms, wie er uns *heute* geläufig ist, ist das Produkt der letzten zwanzig bis dreißig Jahre. Auf die Auswirkungen der neuesten Einsichten in das Wesen des Atoms in der Welt der wirtschaftlichen und politischen Realitäten besonders hinzuweisen, ist überflüssig.

Ähnlich wie mit den Vorstellungen vom Mikrokosmos des Atoms war es mit den modernen Vorstellungen vom Bau des Weltalls. Wir wissen sehr wohl, daß die alten Sumerer und Babylonier beachtenswerte mathematische und astronomische Kenntnisse hatten, daß die alten Griechen die Kugelgestalt der Erde kannten, daß in der Antike auch Ideen von der Kreisbewegung der Erde um die Sonne zu finden sind. Aber dennoch muß den Ergebnissen des Kopernikus und des Kepler der Wert echter Entdeckungen zugesprochen werden. Wie weit aber unterscheidet sich schon die Vorstellung vom Fixsternhimmel eines Herschel vom kosmologischen System des Kopernikus! Wie hat sich ferner in den letzten dreißig Jahren unsere Vorstellung vom Kosmos mit seiner erschreckenden Dynamik der Hubble'schen Flucht der Nebel, in dessen Bau unser ganzes Milchstraßensystem ein sehr unbedeutendes Detail ist, weit über die Vorstellung eines Herschel erweitert! Und trotz der gewaltigen Ausdehnung des Kosmos — der durch die neuesten, mächtigen Fernrohrkonstruktionen noch wahrnehmbare Nebel liegt in einer Kugel, deren Durchmesser etwa eine Milliarde Lichtjahre beträgt — erzwingen bestimmte neue Überlegungen die Annahme, daß zwischen der Ausdehnung des Kosmos und dem Zustande der einzelnen Atome ein enger Zusammenhang besteht.

Die Erkenntnisse der modernen Biologie sind nicht weniger von den das organische Leben betreffenden Meinungen aller Zeitalter verschieden als die Einsichten über die Mechanik des Mikrokosmos und des Makrokosmos. Die Resultate der biologischen Forschung in den modernen Laboratorien würden einem antiken Denker vielleicht noch unglaublicher erscheinen als die beiden vorhin genannten Grundlehren von der sogenannten toten Natur. Auch in der Biologie hat die Forschung gerade der letzten zwanzig Jahre erwiesen, daß die Zusammenhänge des Lebens noch wesentlich verwickelter sind, als es ein Ernst Haeckel auch nur ahnen konnte. Es genügt, auf die neueren Ergebnisse italienischer Forscher über den Bau der Nerven oder auf die Morgan'sche Theorie der Gene hinzuweisen, besonders aber auf die in den letzten zehn Jahren entdeckten Zusammenhänge zwischen Kernphysik und den tiefsten Erkenntnissen der Biologie.

An dem zuletzt genannten Beispiel wird auch der Nutzen deutlich, welcher der Forschung zugute kommt, wenn die Resultate und manchmal auch die Methoden einer Disziplin einer anderen, ihr zuweilen auch sehr entfernten und wesensfremden, zugeleitet werden.

Der enge Zusammenhang zwischen Mathematik und Physik sowie die Anregungen, welche die beiden Wissenschaften so zahlreich von einander erhalten haben, sind allgemein bekannt. Es lag in der Natur der Dinge, daß die ältesten europäischen Astronomen und Physiker zugleich Mathematiker waren. Helmholtz wollte alle physikalischen Gesetze in Form von Differentialgleichungen formuliert wissen. Die neuzeitliche Quantenmechanik ist zu einem Kapitel der Mathematik geworden. Andererseits hätte in der Mathematik z. B. die Theorie der Randwertprobleme ohne intensive Anregungen und Forderungen seitens der Physik wohl niemals eine so große Entwicklung erlebt.

Auch der Nutzen, den die biologischen Wissenschaften durch Übernahme physikalischer, chemischer und in der sogenannten Biometrik auch mathematisch-statistischer Methoden gezogen haben, ist allgemein bekannt. Diese auf anderen Gebieten entwickelten Verfahren wurden neben den von der Biologie selbst auf eigenem Boden entwickelten Methoden mit größtem Erfolge angewandt. Vor fünfzehn Jahren war die Anwendung der Kernphysik in den biologischen Wissenschaften vielleicht die am wenigsten erwartete.

Man sieht also, daß auf den ersten Blick ihrem Wesen nach sehr weit auseinanderliegende Forschungsgebiete durch Kombination ihrer Resultate zu einer wesentlichen Bereicherung des Wissens beitragen können. So verdankt z. B. die Paläontologie und die Archäologie der Anwendung chemischer Methoden wertvolle Ergebnisse. Die Astronomie hat zur genauen Festsetzung einiger sehr weit zurückliegender historischer Daten und zur Bestimmung des Alters und der Dauer von vor Jahrtausenden untergegangener alter Kulturen entscheidende Beiträge geliefert. Zur philologischen Auslegung alter griechischer Texte des Heraklit braucht man Kenntnisse der Zahlentheorie, und die Deutung einiger Stellen des Alten Testaments wurde mit Hilfe von Ergebnissen der Geologie ermöglicht.

Aber es ist nicht nur so, daß die Naturwissenschaften voneinander und die Geisteswissenschaften von den Naturwissenschaften Nutzen ziehen. Ein Beispiel aus den allerletzten Jahren zeigt, daß auch eine so abstrakte und zweifellos den Geisteswissenschaften angehörende Disziplin, wie es die theoretische Logik ist, ihr Anwendungsgebiet nicht nur in der Theorie des mathematischen Beweises und der Axiomatisierung der Arithmetik, sondern unerwarteterweise auch in der Technik findet. Die Konstruktion der modernen amerikanischen Rechenmaschinen, die mit Tausenden von Elektronenröhren arbeiten, beruht auf der Anwendung des zweiwertigen Logik-Kalküls.

2. *Naturwissenschaftliche und technische Forschung im heutigen Geschehen*

Die Situation der mathematisch-naturwissenschaftlich-technischen Forschung und Wissenschaft ist heute so, daß selbst die elementarsten Güter wie Nahrung, Kleidung, Behausung u. a. m. in hohem Maße von ihnen abhängen. Durch den Verlust von Forschung und Wissenschaft wäre ein modern zivilisiertes Volk dem Elend preisgegeben. Seit langem lebt fast ein jedes der zivilisierten Völker nicht nur vom Ertrag seines Bodens, sondern vielfach und vor allem von dem, was es kraft seines Geistes an materiellen Gütern hervorzubringen imstande ist.

Forschung und Wissenschaft sind heute nicht mehr auf reine Erkenntnis abgestellt als Äußerung rein geistiger Interessen, sondern sind Bestandteil auch der materiellen Fundierung des Lebens. Ein Ausschalten der Wissenschaft und Forschung aus unserem Leben würde das wirtschaftliche Gerüst, auf dem wir stehen, zum Zusammenbrechen bringen.

Bei der Wissenschaft und Forschung geht es heute um nichts mehr und nichts weniger als um unsere Existenz selbst. Darum ist die Wissenschaft und Forschung aus einer geistigen Domäne in der Lebenssphäre Einzelner zu einer Angelegenheit öffentlicher Verantwortung und der Ordnung menschlicher Gemeinschaft geworden. Darum wird alles, was die Forschung und Wissenschaft angeht, in das zielbewußte Denken und Handeln der Gesellschaft und der politischen Organisation einbezogen. Und was hierbei immer wieder die besondere Aufmerksamkeit herausfordern wird, ist die Beachtung der grundsätzlichen Eigenart des Forschers, der inneren Form der Forschung, der organisatorischen Erfordernisse der Wissenschaft und Forschung, ferner die Erziehung und Heranbildung der Menschen, die der Wissenschaft, Forschung und Technik dienen, angefangen vom Forscher, aufgehört beim Handwerker und Arbeiter. Das heißt, daß das gesamte Leben, das sich um Forschung und Wissenschaft gruppiert und mit ihnen zusammenhängt, einer eigenen Organisation bedarf. Mit der Erkenntnis dieses Tatbestandes erschließt sich dem Menschen eine Quelle neuer Möglichkeiten, neuer Bereiche der Schöpfung und des Handelns auf geistigem, wirtschaftlichem und politischem Gebiete.

Die hinter der Technik stehende und wirkende Organisation ist ein unabdingbares Rüstzeug des modernen Menschen in seiner Auseinandersetzung mit den Dingen der Welt geworden. Hätten sich nicht mit der Technik zugleich auch Prinzipien der Organisation herausgebildet, so wären die durch die technischen Errungenschaften gewonnenen Möglichkeitsbereiche ohne Einfluß auf das historische Geschehen geblieben. Die Organisationsprinzipien ermöglichten es überhaupt, die weitausgedehnten und mannigfaltigen Möglichkeiten der Technik dem menschlichen Leben in allen seinen Sparten nutzbar zu machen.

Im Laufe der Zeit hat sich auch eine Technik der Organisation herausgebildet. Hierbei handelt es sich nicht nur um die Organisation von Industriebetrieben jeder Art und um die Nutzbarmachung ihrer Erzeugnisse, sondern auch um eine Organisation anderer Art, wie Verwaltung, Aufrechterhaltung der Ordnung im Sinne der Befolgung der bestehenden Lebensnormen (Gesetze) u. a. m. Vielleicht eine der auf das historische Geschehen einflußreichsten Organisationen ist in Gestalt der wissenschaftlichen Disziplinen entstanden. Und in diesem Rahmen muß der Organisation des Geistes auf den Gebieten der Mathematik, Naturwissenschaft und Technik besondere Beachtung geschenkt werden, weil sie in den letzten Jahrzehnten stark angewachsen sind und einen immer größeren Platz im Leben eines Volkes, ja in der Schicksalsgestaltung der Menschheit einnehmen.

Diese Entwicklung muß durch eine ebenbürtige Förderung der anderen Wissensdisziplinen eingeholt werden, soll unser Leben nicht einseitig zur Entfaltung kommen, d. h. in wichtigen Bereichen des Lebens verkümmern und damit im Ganzen entarten. (Zum Thema „Forschung" sei auf die Artikel in „Christ und Welt" 1949 hingewiesen.)

Die Lebensquelle für das Fortbestehen der Wirtschaft eines zivilisierten Volkes ist die Forschung, insbesondere die *Grundlagenforschung*. Erkennt und anerkennt ein Volk dies nicht als den Grundsatz unseres Jahrhunderts und trifft es nicht die Maßnahmen, die das Gedeihen der reinen Forschung und Wissenschaft gewährleisten, dann verkümmern seine materiellen Möglichkeiten, seine Wirtschaft in wenigen Jahrzehnten. Zwei, drei Jahrzehnte des Stillstandes, — und der wirtschaftliche Ruin ist unausbleiblich. Nur reiche und große Völker können es sich gestatten, in der Zeit ruhiger und stabilisierter Entwicklung nachzulassen in der Spannkraft und Pflege, die hinter der Forschung dauernd stehen müssen. Und dieses auch nur deswegen, weil sie in der Regel über umfangreiche „Vorratskammern" an Erfahrungen und Wissen verfügen. Arme bzw. kleine Völker können sich diesen „Luxus" nicht leisten.

Soll man die Grundlagenforschung nur als Vorratskammer geistiger Güter betrachten? Nein, sie dient außerdem zur Ausrüstung und Pflege des Erfindungsgeistes, der sogenannten Zweckforschung. Wenn sie nicht diese doppelte Bedeutung hätte, nicht die zweifache Rolle spielen würde, könnte man den Standpunkt vertreten, daß die armen Völker sich auf Zweckforschung beschränken und die Resultate der Grundlagenforschung von reichen Völkern übernehmen könnten.

Sind die Grenzen zwischen Grundlagen- und Zweckforschung überhaupt scharf zu ziehen? Nein, und weil sie nicht eindeutig festzulegen sind, muß es eine solche Grundlagenforschung geben, die danach strebt, das Grundsätzliche eines Problems herauszuarbeiten. Ungeachtet dessen kann und soll aber das Problem auch unter dem Gesichtspunkt der Anwendung angegangen werden. Dieses tut gewiß dem reinen Erkenntnisdrang und der Erweiterung der reinen Wissensdisziplin keinen Abbruch; im Gegenteil, — sie bereichert ihren Inhalt, vollendet ihre Architektonik und macht die Forschung und die Wissenschaft wirklichkeitsnahe, d. h. lebendig. Und soweit die Forschung und die Wissenschaft in das historische Geschehen eingreifen, geschieht dies in erster Linie in Gestalt der angewandten Wissenschaften.

Sie sind es, die den Naturwissenschaften und der Technik die in unserer Zeit einzig dastehende Bedeutung für das menschliche Leben verleihen: ihre mitgestaltende Kraft am gesamten äußeren und inneren Leben, sowohl an der geistig-seelischen als auch an der politischen Situation. Ohne die Einwirkung der naturwissenschaftlichen und technischen Errungenschaften ist die historische Situation unserer Zeit in ihrer den ganzen Erdball umfassenden und alle Völker ergreifenden Macht gar nicht zu denken. Die Naturwissenschaften und die Technik sind es, die den Menschen von heute mitveranlassen, global zu denken, global zu planen und global zu handeln. Politisch-geistige Bewegungen und Leidenschaften allein, wirtschaftliche Erwägungen und Spekulationen allein, hätten nie ausgereicht, diese Tragweite menschlicher Bestrebungen zu ermöglichen, so schnell zu wirken und so gewaltige Energien in Wirkung zu setzen, aber auch zu überwinden, — wenn ihnen nicht naturwissenschaftliche Erkenntnis und technische Erfindungskraft die grandiosen Mittel der Beherrschung erdgebundener Möglichkeiten an die Hand gegeben hätten.

So hat die Rangordnung, die wir für die nationale Existenz als grundlegend betrachteten, gegenüber den vorhergehenden Jahrhunderten, ja

Jahrzehnten wesentliche Umschichtungen erfahren. So treten Forschung und Wissenschaft jetzt in den Vordergrund und nehmen eine sehr hohe „Dringlichkeitsstufe" in Anspruch. Die Erfordernisse, die das Leben an ein Volk stellt, werden immer differenzierter und machen ihrerseits eine Verfeinerung der Methoden erforderlich, was wiederum nur möglich ist, wenn der Geist in dauernder Spannung erhalten wird.

Es ist kennzeichnend für das neue Zeitalter, daß ihm eine gewaltige Geistesorganisation zugrunde liegt. Diese geistige Disziplin als ein Zusammenwirken einzelner Wissensdisziplinen bildet den Nährboden des Zeitalters und schafft zugleich seine Zukunft. Das ist ein Phänomen, welches die Weltgeschichte bis jetzt noch nicht kannte. Diese Geistesdisziplin wird als Bauwerk, als Organisation des Geistes, als Schöpfung des europäischen Menschen — wo er auch wirken möge, im Mutterlande oder in Amerika, Afrika oder Australien — dem hereingebrochenen Zeitalter das Gepräge geben.

Auch hier dürften neue Verfahren zu erschließen und einzusetzen sein, um der neuen Tatsache Rechnung zu tragen. Nur systematische Forschung und wohlüberlegte und zielbewußte Pflege der Wissenschaften sind imstande, wirklichen, dauernden Erfolg zu sichern. Ähnlich wie die Landwirtschaft, die Industrie u. a. m. durch Erhöhung und Verfeinerung entsprechender Ausrüstung zur gesteigerten Leistung geführt werden können, so auch die Gesamtleistung des Volkes durch verfeinerte, auf höherer Möglichkeitsebene liegende geistige Ausrüstung. Hinter dem Staat, der Wirtschaft, Industrie, Landwirtschaft, Medizin, kurz hinter der ganzen Kultur und Zivilisation eines Volkes muß eine gewaltige Werkstatt des Geistes stehen. Dauernde Pflege und Fortführung, Erweiterung und Vertiefung der Errungenschaften ist das Gebot, das ein Volk befolgen muß, will es nicht Niveau verlieren und in Primitivität zurückfallen.

3. Naturwissenschaften und Geisteswissenschaften. Zur Frage der Auswirkung der Naturwissenschaften und der Technik im menschlichen Leben.

Bei einem jeden zivilisierten Volke nimmt die Forschung in allen Fragen der nationalen Existenz eine entscheidende Stellung ein. Darum sind auch die Sorgen verantwortlicher Männer um die Zukunft der Forschung und Wissenschaft und des damit eng zusammenhängenden Unterrichts verständlich. Die Forschung und Wissenschaft wird auch von der Frage nach ihrer Bedeutung für das menschliche Leben bewegt. In diesem Zusammenhange steigen verschiedene Fragenkreise auf, von denen wir hier zwei herausheben wollen: das Verhältnis zwischen Naturwissenschaften und Geisteswissenschaften sowie das Problem der Folgeerscheinungen der Naturwissenschaften und der Technik.

a) Zur Gegensätzlichkeit.

Die beiden Gebiete unseres geistigen Schaffens: Natur- und Geisteswissenschaft sind derart einander entfremdet worden, daß sich mancher gezwungen sieht, von einer unüberbrückbaren Kluft zu sprechen. Und diese Kluft wird als Ursache der Spaltung des Bewußtseins der gebildeten Menschen unserer Zeit angesehen. Sie wird als Quelle vieler unheilvoller Erscheinungen betrachtet, welche der bedrohlich anwachsenden Krise unseres Lebens auf allen Gebieten, auch des praktischen Lebens, neue Nahrung zuführt. Wo liegt die Ursache der Entzweiung und Verfeindung? Darüber gibt es verschiedene Stimmen. Eine aus den mathematisch-naturwissenschaftlichen Kreisen lautet: „Dieser Abscheu vor der Mathematik ist der emotionale Faktor, der die eigentümliche Konstruktion unseres abendländischen Bildungsideals trägt. Denn dieses hat ja in seiner traditionellen Gestalt den Gesamtbereich nicht nur der Mathematik, sondern auch der mit mathematischem Denken verwobenen Naturwissenschaften von sich abzuschließen gestrebt. Wenn auch heute, inmitten einer sich in krisenhaften Auflösungen bewegenden Welt, die eindeutige Bestimmtheit eines anerkannten Bildungsideals verloren zu gehen beginnt, so ist doch jene eigentümliche Kluft, jene seltsame Zweiteilung unserer wissenschaftlichen Arbeit in Geisteswissenschaften bestehen geblieben (oder sogar noch vertieft), die man gern als eine unabänderliche Gegebenheit betrachtet.

Es ist ja bekanntlich versucht worden, eine bestimmte grundsätzliche Verschiedenheit in der Aufgabenstellung und den Methoden beider Wissenschaftsrichtungen zu entdecken, . . (es) bleibt aber kein rechter Grund erkennbar dafür, warum sich Geisteswissenschaften und Naturwissenschaften oft so schlecht vertragen . . .

Sicherlich handelt es sich um ein Übel. Die geistig lebendige Schicht der europäisch-amerikanischen Menschheit besteht heute aus zwei Arten von Bildungsvertretern, die in verschiedenen getrennten Welten leben, zwischen denen es nur spärliche und schmale Brücken der Verständigung gibt. Die uns alle so stürmisch bewegende Macht der Technik wird getragen von Menschen, die zumeist die innere Welt der Geisteswissenschaften kaum ihrem Vorhandensein nach kennen; die mit nicht-technischen Berufen beschäftigte Mehrheit europäischer Bildungsschicht hingegen steht umgekehrt mit ähnlicher Hilflosigkeit und Ahnungslosigkeit den Naturwissenschaften gegenüber." [1])

Welches sind die in den Kreisen der Geisteswissenschaften geäußerten Ansichten? „Wir wollen eine Wissenschaft, in der Theologie, Philosophie, Literaturwissenschaft und Philologie nicht nur aus einer gewissen Anstandspflicht heraus noch mitgenommen werden, weil eigentlich und im übrigen die naturwissenschaftliche Forschung fast als eine Vorform der Industrie allein als Forschung im modernen Sinne anerkannt ist. Es sind in den letzten Wochen Aufstellungen über diejenigen Disziplinen veröffentlicht worden, denen von gewisser Seite allein noch die Dignität der Forschung zuerkannt wird. In der Liste dieser Forschungsgebiete bleibt für Plato, Sophokles und Thomas von Aquin, für Melanchton und Goethe nur noch am Rande ein Platz übrig." [2])

*

Es war eine hohe und fruchtbare Errungenschaft des menschlichen Geistes, als der Mensch die Idee faßte, die einzelnen Erscheinungen in der Natur und im menschlichen Leben isoliert für sich zu behandeln. Je mehr es ihm gelang, das zu untersuchende Ding zu isolieren, desto tiefer war der Blick, den er in das Ding tat. Nur diese Methode gestattet die tiefgründige Erforschung der Natur und des menschlichen Lebens. Der Weg der Spezialisierung war es, der zum großen Erfolg führte und führt. Das Spezielle, Konkrete wurde dabei stets erstrebt. Und sind die Erfolge dieses Leistungsprinzips nicht großartig? Wo stünden die Wis-

---

[1]) Jordan, P., Physik. Blätter, 7/1951, S. 289.
[2]) Trillhaas, W., Deutsche Universitätszeitung vom 29. 6. 51, S. 14.

senschaften sowie das kulturelle und praktische Leben ohne die Leistung der Spezialisten?! Die Arbeitsmethode erwies sich als derart fruchtbar, daß wir sie nie mehr aufgeben werden. Nur mit ihrer Hilfe kann das tiefe Wissen errungen werden. Es ist auch leicht verständlich, daß diese Forschungs- und Arbeitsmethode den Spezialisten-Typus hervorgebracht hat und die Spezialisten ihren Siegeszug feiern läßt. Der Umstand, daß der Forscher zum Patrioten seines Forschungsgebietes wurde, sich mit ihm identifizierte, es als sein persönliches Anliegen ansah, — dieses restlose Einsetzen für die Sache — erhöhte seine Schöpferkraft und seine Erfolge.

Mit den steigenden Erfolgen der Forschung und mit dem Anwachsen des Wissensstoffes mußte zwangsläufig das Arbeitsgebiet eines jeden weiterhin eingeengt werden, gleichviel ob er in der Forschung, in der Wissenschaft oder im praktischen Leben stand. Neben Spezialisten entstanden Typen von Unterspezialisten und Superspezialisten. Und die Entwicklung gab diesen Menschen recht: je mehr sich einer spezialisierte, desto gründlicher beherrschte er sein Arbeitsgebiet und desto erfolgreicher und „wertvoller" erschien er. Und findet nicht dieses Leistungs- und Wertungsprinzip in den Grundsätzen, nach denen der Nobel-Preis verteilt wird, seinen höchsten Ausdruck? Kein Wunder, daß diese Arbeitsmethode, die doch so viele Erfolge brachte, auch die äußeren Erfolge, von jedem angehenden Forscher und Wissenschaftler begierig aufgegriffen und zum Ideal erhoben wurde. Kein Wunder, wenn das ganze Leben der Gegenwart sein Gepräge dieser Einstellung verdankt.

Die Folge davon mußte die Aufspaltung der Forschung und der Wissenschaft in verschiedene Richtungen und Gebiete teils größeren, teils kleineren Umfanges sein.

Die erstrebte spezialistische Vertiefung in *einer* Richtung brachte eine Entfremdung zwischen diesen verschiedenartigen Wissensdisziplinen mit sich. Dies liegt im Sachlich-Methodischen begründet. Dazu kam aber das Nichtsachliche, das Persönlich-Psychologische. Wir haben bereits erwähnt, welch eine Erfolgsquelle die Auffassung des Forschers, sein Forschungsgebiet sei sein persönliches Anliegen, darstellt. Sie war aber zugleich die Quelle einer gewissen Fehlentwicklung: Als

Patriot beginnt er seine Domäne nicht nur zu entfalten, sondern auch zu verteidigen. Die Entfremdung gegenüber den fremden Disziplinen geht bald in Feindseligkeit über und das Unglück ist geschehen.

Diese Feindseligkeit schafft nun die „unüberbrückbare" Kluft zwischen den Disziplinen. Dabei brauchte man nicht nur an die Zweiteilung der Wissenschaft in Natur- und Geisteswissenschaften zu denken. Sie gibt nur ein grobes Abbild des spannungsreichen Tatbestandes. Innerhalb jeder dieser Richtungen gibt es wieder Sonderentwicklungen und Fehlentwicklungen, welche sich auf das Lebensganze nicht gerade segensreich auswirken. Die Entwicklung geht sogar so weit, daß es geradezu zum „schlechten Ton" gehört, zu wagen, sich als Spezialist eines Gebietes mit Fragen zu befassen, die nicht in den momentanen Rahmen des eigenen Arbeitsbereiches fallen.

Diese geistige Einstellung hat bereits die Grenzen der Forschung und Wissenschaft überschritten; sie hat längst allgemeines Bürgerrecht erhalten, ja noch mehr, sie ist zum Lebensideal erhoben worden. Und diese Haltung und Bewertung durchzieht das ganze Lebensgefüge und alle Schichten der Gesellschaft vom Forscher bis zum einfachsten Facharbeiter. Nur das Spezialistentum wird in den Menschen noch geschätzt und gewürdigt.

Wohin führt diese Entwicklung? Erhebt der Mensch das Spezialistentum zum höchsten Ideal unter Vernachlässigung dessen, was nicht zu diesem Spezialistentum gehört, so verliert er das sinnreiche Verhältnis zur Lebensfülle. Er bewegt sich nur auf einem sehr schmalen Ausschnitt des Lebensganzen und büßt naturgemäß alle jene inneren geistigen, seelischen und sittlichen Werte ein, welche in diesem kleinen Ausschnitt des Lebens keinen Platz haben. Für einen solchen Menschen gibt es nur die Werte, welche dieses Spezialgebiet als solches anerkennt. Andere werden unter Umständen sogar nicht geduldet; die Werte dieses Spezialgebiets sind dann eben Lebenswerte schlechtweg des betreffenden Spezialisten. Das kommt einer Auflösung der inneren Weltordnung des Menchsen gleich, auch der ethischen Werte. Das Bewußtsein dafür, was Recht und was Unrecht in letzter Verantwortung ist, erlischt. Und das gilt für jeden Extremfall des Spezialisten, sei er ein Techniker, Philologe, Mathematiker. Ein Glück, daß das Leben solche Extremfälle nicht schrankenlos zuläßt. Solche Typen in Reinkultur gibt es letztlich, also in Wirklichkeit nicht, aber von des Spezialistentums Blässe angekränkelte, sogar stark angekränkelte, wohl sehr viele. Und das genügt schon für die Folgeerscheinungen, welche unser Gemeinwesen und Gemeinleben in so spürbarer Weise erschüttern. Indessen liegen doch in einer Spezialistenlebensform, beispielsweise in einer von mathematisch-naturwissenschaftlich-technischen Forschung getragenen und geprägten Lebensform, doch hohe moralische Werte. Mathematik, Naturwissenschaft und Technik zielen in ihrem Wesen auf Sachlichkeit, Genauigkeit, Sauberkeit, Klarheit. Ohne Befolgung dieser Forderungen ist eine Situation nie in ihrer wahren Tatsächlichkeit zu erkennen. Von jedem, der sich mit ihnen ernst befaßt, muß das Vermögen gefordert werden, einen Naturvorgang oder Zusammenhang experimentierend und rechnend zu beobachten unter Zurückdrängung alles dessen, was über den Rahmen einer bloß verzeichnenden Aufnahme hinausgehen könnte. Dieses Registrieren vollzieht er mit Hilfe seiner Sinnesorgane, und nur die Wahrnehmung dieser Art bildet für ihn die „Wirklichkeit". Dieses in der Mathematik, Naturwissenschaft, Technik geübte Verfahren äußert sich auch im praktischen Leben des Menschen und zwar als geschärftes Gefühl für Verantwortung, Pünktlichkeit, als eines bewußten Bedürfnisses nach Schaffung klarer und sauberer Verhältnisse und Abgrenzungen. Soll man von der Mathematik, Naturwissenschaft und Technik noch mehr verlangen? Warum erwartet man von ihnen moralische Werte noch anderer Art, die nicht im Wesen dieser Disziplinen liegen. Darüber hinaus muß aber auch anerkannt werden, daß auf Grund der Anschauung, die Wirklichkeit sei nur durch Sinneswahrnehmung auszumachen, daß mit diesem „Positivismus" — falls er zum alles Leben beherrschenden Grundsatz erhoben wird — ein Menschentypus hervorgebracht wird, der wohl durchgeistigt, aber einseitig durchgeistigt und nicht durchseelt ist.

*

Welche Wege denkt man einzuschlagen, um die Spaltung der Wissenschaft in Geistes- und Naturwissenschaften zu beseitigen bzw. die Annäherung der Teile zu vollziehen? Der nächstliegende Gedanke wäre, die gegenseitige Fühlungnahme, das gegenseitige Verstehen anzustreben: „Bildung in einem zugleich modernen und tiefen Sinn würde ja die Geschichte der Naturwissenschaften mit besonderer Aufmerksamkeit zu betrachten haben: Das technisch-naturwissenschaftliche Denken von heute aus seinen historischen Bedingungen heraus zu verstehen und damit zu einem vertieften geschichtlichen Bewußtsein unserer Gegenwart zu gelangen, wäre mit die wesentlichste Aufgabe moderner Bildung in anspruchsvoller Form.

Bekanntlich hat Plato den Zugang zu seiner Akademie nur denen gestattet, welche den Geist der Mathematik verstanden und in sich aufgenommen hatten. Wie konnte es geschehen, daß trotzdem die um die Erforschung der Antike gruppierten Geisteswissenschaften sich der Mahnung Platos gänzlich entziehen? . . .

Entscheidendes wird bereits gewonnen sein, wenn der gefühlsbetonte Abscheu gegen die Mathematik einmal einer anderen Stimmung weichen wird . . . Es wäre wichtig, daß das Verständnis für Mathematik sich (Platos Forderungen gemäß) ausbreiten würde: Für Mathematik *Verständnis* haben, das bedeutet nicht mehr (aber auch nicht weniger) als: Einen Hauch verspürt haben von der inneren *Schönheit* der Mathematik." [1])

Soweit die Stellungnahme eines Naturforschers zu dem ins Auge gefaßten Thema.

Nicht selten hört man die auf dem Gebiete der Geisteswissenschaften tätigen Forscher die mahnende Feststellung treffen: Naturwissenschaft und Technik hätten die Völker in all die Nöte hineingerissen, die uns gegenwärtig in so hohem Maße bedrängen. Sie hätten zwar die äußeren Möglichkeiten ungeheuer erweitert, machten aber dafür das innere Leben arm und zerstörten es geradezu. Es wiege nicht viel, was wir an Reichtum an äußerlichen Möglichkeiten gegen die innerlich gefügte Welt eingetauscht haben: es sei ein schwacher Trost, daß wir heute imstande sind, in kürzester Zeit an jeden beliebigen Ort zu gelangen, daß wir überall dabei sein, überall unmittelbar einwirken können, daß

---

[1]) Jordan, P., Physik. Blätter 7/1951, S. 292.

wir in der Lage sind, in Wirtschaft und Kriegen gewaltigere Mittel als je einzusetzen. [1])

Sollten im Wettlauf um die alleinige Beherrschung und Prägung des Lebens, des Lebens jedes Einzelnen und des Lebens der Völker, die Naturwissenschaften den Sieg über die Geisteswissenschaften davontragen, würde dann nicht alles, was von der lebendigen Natur her auf das menschliche Leben einwirkt, würde nicht alles, was Seele bedeutet, nur sekundär werden und darum verkümmern? Würde das Leben der Völker in dieser Einseitigkeit nicht seines Sinnes und seiner Vernunft verlustig gehen?

Man hält wohl all die Erfolge der Naturforschung für bewunderungs- aber zugleich auch für beklagenswert: was man insbesondere an der Entwicklung der Naturwissenschaften und der Technik so überaus fürchtet ist, daß sich diese mit ihren Neuerungen derart überstürze und auf den Geist und das Gemüt des Menschen derart eindränge, daß überhaupt jede Möglichkeit zur Besinnung fortbliebe; man fürchtet, das Steuer der Entwicklung nicht mehr in der Gewalt zu behalten.

Angesichts dieser um die Zukunft der Völker ernst besorgten Stimmen fragt man sich unwillkürlich: Soll etwa die an die Naturwissenschaften und die Technik gerichtete Mahnung bedeuten, daß der Ausweg aus unserer historisch gewordenen Situation der wäre, daß man die mathematisch-naturwissenschaftlich-technische Entwicklung abbremste oder sie als Ursache des „Unglücks", gar gänzlich aufgäbe? Ist das *die* Lösung? In der vorliegenden Schrift ist gezeigt worden, daß es einen Abbau der naturwissenschaftlich-technischen Forschung nicht geben kann, daß sie zu verlassen, bedeuten würde, aus einem rasend dahinfahrenden Zuge hinauszuspringen. Von dem Mithalten im großen Wettlauf des naturwissenschaftlichen und technischen Schaffens hängt die physische Existenz eines jeden Volkes ab und zwar sowohl die im Kriege als auch die im Frieden. Läuft das nicht auf einen verheerenden Zwang im Leben hinaus, aus dem es kein Heraus gibt? Das bedeutet für so manchen ein hartes, dem inneren Wollen widerstrebendes Müssen: Wir sind eingespannt und

---

[1]) Vgl. Schriften v. Uexküll, Jaspers, Bernanos, Heidegger, Dworak, W. Vogt, G. Jung u. a.

müssen ziehen. Welch ein unbehagliches Lebensgefühl überkommt den Menschen: es durchdringt den Menschen nicht das erhabene Gefühl schöpferischer Kraft, es trägt ihn kein zukunftsträchtiges Selbstbewußtsein, es erlahmt in ihm der große Wille, über die Dinge des Alltags hinaus- und hinaufzustoßen. Es ist schon ein echtes Anliegen, das entschieden auf die Notwendigkeit einer Lösung hinweist, es steht „keineswegs wirkungslos inmitten der vielfältigen Zerrissenheit unserer Gegenwart. Der einzelne ist ja gar nicht imstande, sich dem zu entziehen. . . Die europäische Geistigkeit entzieht sich einer ihrer dringendsten Pflichten.“ [1])

b) Hilfsbetrachtung

Wir erkennen, daß die Struktur des Lebens sowie der Forschung und Wissenschaft sehr vielfältig und kompliziert geworden ist. Um sie durchschauen zu können, müssen wir bestrebt sein, sie zu vereinfachen, auf das Elementare zurückzugreifen, und aus ihm heraus dann zu versuchen, auch die gegenwärtige Lage und die Zukunftsperspektiven klarer zu umreißen.

„Es ist fraglich, ob die Welt selbst so klar und durchsichtig gefügt ist, wie wir es voraussetzen. Aber dem menschlichen Geist ist es eigen, daß er einfach der Grundrisse bedarf, um sich in ihr zurechtzufinden . . . . Jeder weiß, welche Bedeutung für die Auffassung verwickelter Gebilde vereinfachte lineare Zeichnungen haben. Ein solches „Schema“ bildet die Sache nicht ab, bringt sie aber dem Begreifen näher. In ähnlicher Weise arbeitet unser Geist durchweg mit grundlegenden „Denkmodellen“ . . . Erst mit der Auffindung des angemessenen Elementaren (beginnt) ein schneller Erkenntnisfortschritt. . . . Wer das Elementare nicht verstanden hat, kommt auch . . . nicht weiter . . . Wir werden uns um so mehr darum bemühen müsssen, als sich ein einfaches Gemüt in dem Wirrsal unserer schichtenreichen und vielfach erkrankten Kultur nicht mehr zurechtfindet . . . Die Auffindung des Fruchtbar-Elementaren steht nicht immer am Anfang des menschlichen Könnens und der Weltorientierung.“ [2])

---

[1]) Jordan, P., Phys. Blätter, 7/1951.

[2]) Spranger, Eduard, Pädagog. Perspektiven, Heidelberg 1951, Verlag Quelle und Meyer.

Zum Elementar-Schema.

Sieht sich der Mensch — dasselbe gilt von einem Volk, einem Staat oder irgendeiner anderen Lebensgemeinschaft — vor eine neue Situation gestellt, dann wird in ihm der Wille wachgerufen, das Verhältnis zur neuen Umwelt im eigenen Sinne zu gestalten, im Sinne des eigenen Überlegenseins und in der Art des eigenen Lebenwollens (geistig-seelisch-materielle Auseinandersetzung). Der „Einfall", der angesichts des Gegenübers dem Geiste entspringt, klärt das „Vorhaben", er läßt im geistig-seelisch-materiellen Vorhaben das erste Licht aufleuchten. Der Mensch „erdenkt" sich dann die „Mittel und Wege" [Werkzeug [1]), Verfahren [2])], um das Vorhaben auszuführen. (Dem „Entdecken" von geistig-seelisch-materiellen Mitteln und Wegen entspricht die Forschung).

Es stellt sich heraus, daß das Erdachte, Erfahrene, Erkannte sammelbar (Wissenschaft), lernbar und von Mensch zu Mensch übertragbar (Unterricht) ist.

Das Erdenken kommt der Erschließung eines neuen Möglichkeitsbereiches gleich. Welche dieser Möglichkeiten in die Tat umgesetzt werden *soll,* welche *nicht soll,* darüber entscheidet jedoch die innere Weltordnung, die *sittliche Ordnung* des Menschen. Erst wenn diese gesprochen, kann mit der Ausführung des Vorhabens begonnen werden.

Dieses Schema des Elementaren, in welchem Forschung, Wissenschaft und Unterricht als eine geschlossene Kette und in engster Verbindung mit dem „Urtrieb" aller Urtriebe, dem Lebenwollen, erscheinen, ist ausbaufähig.

Damit wäre das „Schema" gegeben. Wir müssen zu seiner Deutung einiges sagen. [3])

Auf zwei Elementarerscheinungen wird das Schema aufgebaut: Dem „Lebenwollen" und der „Situation". Das sind zwei tragende Begriffe, auf die wir näher eingehen müssen. Die Deutung dessen, was wir mit dem

---

[1]) u. [2]) Im Sinne des Geistigen, Seelischen und Materiellen.

[3]) Die differenzierte und ausführliche Deutung ist eine besondere Aufgabe und würde den Rahmen der vorliegenden Schrift sprengen. Hier müssen wir uns auf die grundsätzlichen Hinweise beschränken, die für unsere unmittelbaren Zwecke notwendig sind.

Begriff „Lebenwollen“ anpacken, ist eine diffizile Angelegenheit. Wir werden ihn nicht in allen seinen Farben und Mannigfaltigkeiten zum Aufleuchten bringen können. Wir werden seinen Inhalt nur andeuten, um aus diesen Andeutungen das Wesen dessen herauszuhören, was der Begriff in sich birgt. Als erstes muß man sich gegenwärtig halten, daß hinter dem Lebenwollen ein für unser Denken und Empfinden nicht faßbares Etwas wirkt, ein „Etwas“, das wir hier nicht weiter bestimmen wollen (für unsere Problemstellung müssen wir es auch nicht). Nur soviel sei gesagt: es ist der Ursprung allen Lebens und allen Lebenwollens. In dem Lebenwollen selbst äußert sich das Geistig-Seelisch-Materielle als Ganzes — das ganze Leben und das *Lebensganze* ausmachend. Dieses Geistig-Seelisch-Materielle in seiner vielgliedrigen Ganzheit gibt das Urbild des Lebenwollens wieder.

Unsere Problemstellung zwingt uns auch nicht das Werden dieses Lebenwollens zu analysieren. Uns interessiert der heutige Mensch und das Leben in und um ihn, das Lebenwollen, so wie es heute wirksam wird. An sich wirken in ihm Millionen von Jahren als Sitten, Bräuche, Mythen, Religionen, Staaten, Kulturen, Kunst und Wissenschaft; die historischen Auseinandersetzungen sind gewirktes Lebenwollen, konkret gewordene Inhalte des Lebenwollens. Sie alle sind seine Äußerungen, welche uns erlauben, auf das Lebenwollen selbst zu schließen, auf sein Gehabe und seine Gehalte und auf die ihm innewohnenden geistig-seelisch-sittlichen Kräfte — auf sein Urbild.

Dieses Urbild enthält alles. Es ist die undifferenzierte Gestalt des Lebenwollens. Von dem Leben-„Wollen“ ist zu unterscheiden der Lebens-„Wille“. Diesen Unterschied sich vergegenwärtigt zu haben, bedeutet, dem Wesen des Lebenwollens ein Stückchen näher gekommen zu sein. Ist das Lebenwollen die undifferenzierte Form des hinter demselben wirkenden „Etwas“, so ist der Wille, der Lebenswille, seine in eine konkrete Richtung hin, auf ein konkretes Ding hin orientierte Gestalt, ausgerichtet auf ein bestimmtes Ziel, gebunden an eine bestimmte Absicht, aber unlösbar von dem Lebenwollen — in seinem „Auftrage“ wirksam, es zu einer konkreten Gestalt verdichtend, alle seine Wesenszüge tragend, also auch das Geistig-Seelisch-Materielle als Ganzes, also auch das Lebensganze in sich bergend. Auch der Willensbildung liegt ein sehr komplizierter Prozeß zu Grunde. Wir müssen aber hier nicht darauf eingehen. Wir wollen es nur feststellen und festhalten, daß es eines Prozesses bedarf, damit das Lebenwollen zu einem Lebenswillen wird.

Und wie kommt dieser Prozeß in Bewegung? Auch hier müssen wir zunächst grob und einfach verfahren, um auf die Frage eine kurze und einigermaßen klare Antwort zu erhalten, eine Antwort, die zwar nicht alle dazugehörigen Attribute enthält, aber dennoch genügt. Wir haben in unserem Elementarschema gesagt: sieht sich der Mensch vor eine neue Situation gestellt, so wird in ihm ein Wille ausgelöst. Also die neue Situation ist es, welche den Prozeß der Willensbildung in Bewegung setzt. Mit dieser Antwort haben wir das Begriffsstück gewonnen, das uns in unserer Gedankenführung einen Schritt vorwärts bringt. Wir sind uns dessen bewußt, daß es die Situation nicht allein ist, welche die Willensbildung verursacht. Zwei verschiedene Menschen, in dieselbe Situation gestellt, reagieren verschieden. Also gibt es außer der Situation eine dem Menschen selber innewohnende Ur-Kraft, Ur-Sache, eine mit dem menschlichen Lebenwollen verwobene, sich ewig ändernde, im zeitlichen Durchschnitt gesehen unveränderliche, die Innenwelt des Individuums ausmachende „Sache" — herrührend von der geistig-seelisch-sittlichen Substanz (Lebenssubstanz). Erst das fruchtbare Spannungsfeld zwischen dem Lebenwollen und der Situation, erst diese Paarung regt die Willensbildung an. Es sei gleich darauf hingewiesen, was im obigen Satz mit dem Ausdruck *„fruchtbares Spannungsfeld"* begriffen werden soll. Nicht jedes Spannungsfeld von Lebenwollen-Situation reicht für die Willensbildung aus; es muß auch *fruchtbar sein.* Es kommt also auf das Verhältnis Lebenwollen-Situation an, auf die Art der Begegnung. Wir kommen noch darauf zu sprechen.

Wir richten unser Augenmerk darauf, was hinter dem Wort „neue" in dem Ausdruck „neue Situation" steckt. In dem Lebenwollen wirkt eine geistig-seelisch-sittliche Weltordnung und das Lebenwollen selbst ruht in dieser Weltordnung und wird von ihr geleitet. Eine Situation ist *neu,* wenn sie dieser Weltordnung „widerspricht". Eine solche Situation ist gefährdend, weil sie, im alten Weltbild Platz suchend und nicht findend, das alte Weltbild zu sprengen droht.

Was *neu* in der neuen Situation ist, das ruft in der bestehenden Lebensordnung Änderungen, Umwandlung, Umordnung hervor, für sich Platz und Maß suchend. Das Neue muß eingefaßt, eingeordnet, mit dem Bestehenden in Einklang gebracht werden. Das gelingt nicht immer, vor allem nicht gleich.

Dieser Prozeß verlangt Zeit, wiederholte Versuche, das Neue in die bereits bestehende Ordnung einzufügen und das Verhältnis des Neuen zum Alten in ein sinnvolles Verhältnis zu bringen.

In dieser Sicht bringt eine jede neue Situation eine Herausforderung. Sie wird zunächst durch den Willen zur Auseinandersetzung und durch Bildung eines entsprechenden Vorhabens beantwortet. Die Fruchtbarkeit des Vorhabens hängt von der Fruchtbarkeit des Einfalles: „Was zu geschehen habe" ab. Nicht jeder Einfall ist fruchtbar. Also gibt es Vorhaben und Auseinandersetzungen, die von vornherein Aussicht auf Erfolg oder Mißerfolg haben.

c. Der Standpunkt des Lebensganzen für Forschung und Wissenschaft und Unterricht.

Nach dieser Hilfsüberlegung, in der die Forschung und Wissenschaft mit dem menschlichen Leben verwoben erscheint, kehren wir zurück zum Ausgangsthema über das Verhältnis zwischen der mathematisch-naturwissenschaftlich-technischen und der geisteswissenschaftlichen Forschung. Diese Zwischendarstellung war notwendig, um die komplizierte Situation auf ihre Wesenszüge zu vereinfachen.

Wir vergegenwärtigen uns nochmals das Verhältnis zwischen den mathematisch-naturwissenschaftlich-technischen und den geisteswissenschaftlichen Disziplinen, so wie es in der Fachliteratur diskutiert wird.

In beiden Lagern sieht man die Mängel ein, die durch die Entfremdung zwischen beiden Wissenschaftsrichtungen hervorgerufen worden sind. Beide Seiten bahnen Wege zur Überbrückung der Kluft an. Auf beiden Seiten ist man bemüht, die Notwendigkeit der Vereinigung beider Forschungsrichtungen einzusehen und aus dem eigenen Gebiet heraus an der

Beseitigung der Schwierigkeiten zu arbeiten. „Die angewandte Wissenschaft kann auf die Dauer nur fruchtbar bleiben, wenn sie aus der Grundlagenforschung immer neue Nahrung zieht, und die Grundlagenforschung kann nur dann gedeihen, wenn sie in enger Verbindung bleibt mit den geistigen Strukturen, die den Gegenstand der Philosophie und der Geisteswissenschaften bilden. Es wäre eine Illusion, auf die Dauer Naturwissenschaft ohne Geisteswissenschaft treiben zu wollen. Die Wissenschaft spielt heute im öffentlichen Leben tatsächlich eine viel größere Rolle als je zuvor. Wir sollen schließlich vor allem auch Geisteswissenschaften treiben, weil in 20 oder spätestens 50 Jahren die meisten Illusionen oder Ideologien, die heute den Geist der Menschen gefangen halten, verschwunden sein werden, und den Blick freigegeben haben für die dauerhaften Werte, um die sich schon Plato oder Thomas von Aquin, um die sich seit vielen Jahrhunderten Philosophie, Theologie und alle anderen Geisteswissenschaften bemüht haben." [1])

Es fehlt nicht an Versuchen, von einzelnen Disziplinen her zu größeren Zusammenhängen vorzustoßen. Aber sie sind nicht gerade von Erfolg gekrönt worden. Man glaubt die Mißerfolge als durch die Trägheit des herrschenden Spezialisten-Geistes verursacht sehen zu können, sozusagen durch den Terror des Herrschenden. „Aber die wenigen verdienstvollen Forscher, welche die Geschichte der Mathematik, Naturwissenschaften, Technik und Medizin zu ihrem Arbeitsgebiet gemacht haben, sind durch die Trägheit, mit welcher ihre Umwelt auf sie reagiert, bislang mehr zu Spezialisten gesteigerter Form als zu Gestaltern einer großen Synthese unserer Wissenschaften gestempelt." [2])

Ist aber der von einer Fachdisziplin ausgehende Weg des Mühens um die Vereinigung der beiden Richtungen der einzige?

In unseren Tagen findet die Annäherung zwischen der mathematischen, naturwissenschaftlichen, technischen und der geisteswissenschaftlichen Forschung ganz von selbst statt und dies nicht von einzelnen Disziplinen aus, also nicht durch Bemühungen einzelner Spezialisten, sondern durch

---

1) Heisenberg, W., Deutsche Universitäts-Zeitung v. 29. 6. 51, S. 15.

2) Jordan, P., Physik. Blätter 7/1951, S. 292.

das Leben selbst. Und das, was dem Lebenskräftigen entsprießt, hat Kraft und trägt Zukunft in sich.

Nie war für eine erfolgreiche Lösung praktischer Fragen (in der Politik, Kultur, Wirtschaft u. a. m.) deren geistige Durchdringung so erforderlich wie in unserer Zeit. Zu keiner Zeit waren die geistigen Aufgaben, Bedürfnisse und Nöte mit der handfesten Wirklichkeit, mit dem ewig grünen Leben, so eng verbunden, wie in unserer Zeit, in der das globale Zeitalter geboren wird. Lebenspraxis und Geistesleben rücken eng zusammen und bilden ein einheitliches Ganzes und nur unter Berücksichtigung dessen können auch die Probleme gelöst werden, die uns bewegen. Hieraus entsteht ein neuer Fragenkomplex, welcher gewaltiger erscheint als alle Fragenkomplexe, deren Lösung man bisher als Großtaten der Forschung zu bezeichnen pflegt. Die Zeit ist vorbei, welche noch gestattete, praktische Probleme nur unter dem Gesichtspunkte der Praxis und die geistigen nur unter dem des Geistes zu behandeln. Es ist von ungeheurer geistig-sittlicher Auswirkung, welcher Lösung die praktischen Fragen zugeführt werden, und von ebenso entscheidender Auswirkung ist, wie man der geistigen Probleme im täglichen Leben Herr wird.

Was sehen wir darin angedeutet? Vom Leben her werden die einzelnen Fachrichtungen zusammengeführt, indem vom Leben her Probleme gestellt werden, für deren Lösung das Zusammenwirken verschiedener Fachrichtungen erforderlich ist. In der Entwicklung der Forschung und Wissenschaft bahnt sich eine neue Phase an; ein neuer Standpunkt sucht sich Geltung zu schaffen: der Standpunkt des Lebensganzen, der die Forschung und Wissenschaft vom neuen zu befruchten im Begriffe ist. Dies klar zum Ausdruck zu bringen, wird uns unser Schema helfen.

Jede neue Situation ist für den Menschen, wie wir bereits erkannt haben, eine neue Herausforderung zu einer neuen Auseinandersetzung. Wir fügen hinzu: sie ist eine Herausforderung zu einer neuen Aufgabe, welche nur mit Hilfe von Forschung - Wissenschaft - Lehre erfüllt werden kann. Die geistig-seelische Erfassung einer Situation, das Ersinnen der geistig-seelisch-materiellen Mittel und Wege für die Auseinandersetzung gehört zum Wesen des Menschen. Undifferenziert ist sein „Lebenwollen", undifferenziert sein „Einfall" und sein „Vorhaben", undifferenziert sein Verfahren, wenn es auch zweighaft und gliedhaft ist, und alles Tun und Handeln, für das Lebensganze erdacht und vollbracht, mündet im undifferenzierten Lebensganzen. Die hohe Aufgabe von Forschung - Wissenschaft - Lehre, die Aufgabe, auf die es letztens ankommt, wäre in den Kategorien des Lebensganzen zu denken und zu forschen. Ihre Verwirklichung kann nur auf der Denkebene des Lebensganzen erstrebt werden. Nur denjenigen, die sich im Denken und Empfinden auf der Ebene des Lebensganzen bewegen und deren innere sittliche Weltordnung dem Lebensganzen gemäß ist, kann der große Einfall kommen: der Einfall, der in uns allen aufleuchten lassen würde, was eigentlich unser welthistorisches Vorhaben heute ist.

Aus der Sicht des Lebensganzen, und allein aus dieser Sicht, können die sinnvollen Zusammenhänge wahrgenommen und erfaßt werden, ohne die auch die geistig-seelisch-materiellen Mittel und Wege nicht erdacht werden können, die für die große, unser aller Zukunft ausmachende Auseinandersetzung unentbehrlich sind.

Es ist nicht die Aufgabe des spezialistischen Denkens in die nichtspezialistische Sphäre vorzudringen, gleichviel um welches Spezialgebiet es sich handelt. Die Denktätigkeit und der Denkbereich eines jeden Spezialgebietes hat seine Aufgaben, Möglichkeiten und Grenzen. Wir wissen doch, worin die große und unschätzbare Bedeutung des Spezialistischen liegt: In der Vertiefung. Wir können auf dieses In-die-Tiefe-schürfen, auf diese Tiefschürfigkeit nie verzichten.

Worauf es heute anzukommen scheint, ist die Überhöhung des Speziellen durch das Ganze. Man muß dieses Urteil als Strukturuteil begreifen, nicht als Werturteil. Das Erschauen des farben- und spannungsreichen Lebensganzen in seinen vielfältigen Zusammenhängen, in seiner ganzen Tragweite, war nie so dringend notwendig wie in unserer Zeit. Und will man dieses Erschauen und Erfassen von innen her vollziehen, so kann dies niemals ohne Hilfe spezieller, bis in das Innerste Wesen der Dinge hineinlangender Schau geschehen. Gewiß müssen diese einzelnen Schauen als zusammenhängendes Bündel aus einer großen Schau herausstrahlen. Diese zu erreichen, ist die vornehmste Aufgabe unserer und der kommenden Generation. So gesehen sind Spezialforschung,

Spezialwissen und Spezialkönnen unentbehrlich. Sie reichen aber nicht aus, um zur „Herausforderung" der gegenwärtigen historischen Situation Stellung zu nehmen und die geistig-seelische „Auseinandersetzung" erfolgreich zu führen.

Die Entwicklung der einzelnen Wissenschaften und die Befolgung des spezialistischen Standpunktes der Forschung erfolgte unter der stillschweigenden Voraussetzung und im Rahmen einer bestimmten Lebensordnung. Mit dem ersten Weltkriege beginnt die Zeit der Erschütterungen dieser Lebensordnung; ihre Anfänge kündigen sich bereits in manchen Ereignissen der vorangegangenen Zeiten an.

In unserem Schema des Elementaren müssen wir für unsere unmittelbare Betrachtung auf die Stelle zurückgreifen, wo von der inneren Wert- und sittlichen Weltordnung die Rede ist. Sie ist der innere Befehlsstand, von wo aus die Anweisung erfolgen kann, was bei der Auseinandersetzung — wie gesagt — zu tun und was nicht zu tun ist. Es kommt also letztlich auf ein Auswahlprinzip an. Zur Wahrnehmung des Sinnvollen, des Lebensganzen gehört das Funktionieren dieses Befehlsstandes. Wir haben bereits erwähnt, daß das „Erdenken" (Forschung) der Erschließung eines Bereiches neuer Möglichkeiten gleichkommt. Die sittliche Weltordnung gestattet nicht die Umsetzung aller dieser Möglichkeiten in die Tat. Es gibt „verbotene" Möglichkeiten. Die innere Wert- und sittliche Weltordnung sind die Grundlage, aus der die Lebensordnung eines Volkes erwächst.

In unserem Schema können wir — wie bereits angedeutet — an Stelle des einen Menschen, auch einen Staat und ein Volk, eine jede Gemeinschaft von Menschen setzen. Wir brauchen nicht besonders darauf hinzuweisen, welch ein eigenständiges „Lebenwollen" einem Volke innewohnt. Auch ein Volk, gestellt vor eine neue Situation, greift zur Auseinandersetzung, um sein Verhältnis zum Neuen zu ordnen. Auch hier bedeutet Ordnen, das Neue in die bestehende Lebensordnung des betreffenden Volkes sinnvoll einzufügen. Solange das nicht geschehen ist, bedeutet das Neue Bedrohung, Revolution, Erschütterung der Lebensordnung. Daher auch die Auseinandersetzung, das Mühen, das Tun und Handeln im Sinne entweder der Erhaltung der „bewährten" Ordnung oder der Einfügung, der Einordnung des Neuen in das Bestehende. Das Gesagte führt zur Erweiterung des neuen Standpunktes, zum *Grundsatz des Lebensganzen und Volksganzen für Forschung und Unterricht.*

Freilich bedeutet die Einordnung des Neuen für das Bestehende eine Umordnung und zugleich eine Erneuerung, in manchen Fällen vielleicht eine Umordnung und Erneuerung von Grund aus. Aber sie muß nach und nach vor sich gehen, der Prozeß muß reifen, die Auseinandersetzung sinnvoll verlaufen, nicht überstürzt werden. Es scheint, daß wir in den letzten drei bis vier Jahrzehnten vor einer nicht abreißenden Folge von grundsätzlich neuen historischen Situationen gestellt waren. Sie folgten so schnell aufeinander, daß wie dem Einzelnen, so auch einem jeden Volke, nicht die genügende Zeit blieb, den Prozeß der Umordnung reifen zu lassen, die Auseinandersetzung sinnvoll zu vollziehen. Kein Wunder, daß dauernde Umordnung Unordnung und Krise hervorruft. Wir sprechen hier von großen Situationen, welche durch den Lauf der Weltgeschichte, durch den welthistorischen Prozeß, hervorgebracht werden. In diesem allumfassenden Prozeß tun die Forschung und Wissenschaft das Ihre; sie wirken mit. Ihre Rolle in diesem Prozeß wäre bedeutender und weitreichender, wenn die Forschung den neuen Situationen Rechnung tragen würde. Sie ist auf dem Wege, dieses zu tun; der Anlauf dazu wird genommen; es meldet sich manches an. In diesem Sinne müssen wir es verstehen, wenn von maßgebender Seite der Forschung erklärt wird: „Es genügt also offenbar nicht, sorgfältig in der Weise weiter zu arbeiten, wie dies früher geschehen ist. Das ist zwar notwendig, aber nicht ausreichend, denn wir können ja nicht in die frühere Zeit zurückkehren. Viel mehr müssen wir auch in der Wissenschaft Mut haben, nicht von der Vergangenheit, sondern von der Zukunft her zu forschen.“ [1])

Auch der Weg wird angedeutet, wie das neue erkannt, gedeutet und behandelt werden muß: „Wir müssen . . . versuchen, das Schicksal der Wissenschaft im öffentlichen Leben mehr als bisher selbst in die Hand zu nehmen.“ [2])

---

1) Heisenberg, W., Deutsche Universitätszeitung v. 26. 6. 51, S. 15.
2) ebenda.

Damit wird der Forschung eine neue große Aufgabe gestellt: die Aufgabe, die Forschung und Wissenschaft von einer höheren Ebene aus zu betrachten als von der Einzelforschung; das Spezialistische (Entsprechung zu einem Lebenszweig) wird durch das Ganze (Entsprechung zum Lebensganzen) überhöht. Es wird noch ein Schritt weitergetan, „denn dafür sind wir verantwortlich, diese Verantwortung kann uns niemand abnehmen."

Damit ist im Prinzip die neue Forschung gedanklich konstituiert. Freilich hat sie noch keine Entsprechung in einer organisatorischen Gestalt. Weder Hochschulen, noch Forschungsanstalten und Sonderorganisationen für die Forschung (Max-Planck-Gesellschaft, Notgemeinschaft der deutschen Wissenschaft, Deutscher Forschungsrat) bilden eine Entsprechung. Was in der obigen Äußerung verlangt wird, klingt nach mehr als nach einer bloßen „verwaltungsmäßigen" Zusammenfassung der Forschung. In Anbetracht der gegenwärtigen historischen Situation möchte man darin den Anspruch hören, daß die „Verantwortlichen" — und als solche sind Forscher zu denken, welche die innere Kraft und Größe haben, über die Grenzen ihres eigenen Forschungsgebietes hinauszuschauen, fruchtbar hinauszuschauen — die Gestaltung der Forschung und Wissenschaft vom Standpunkt des Lebensganzen übernehmen. Es handelt sich nicht so sehr um die Verwaltung als vielmehr um die Gestaltung der Forschung: um das Finden und um das Lösen jener Fragen, welche die „überhöhte" Behandlungsebene verlangen. Das wäre das Neue, das Zeitgemäße, das Zukunftsträchtige. Das würde bedeuten, den Mut aufzubringen, „von der Zukunft her" zu forschen, zu wirken und zu leben. Forschung und Unterricht sind — im Sinne unseres Schemas allgemein gesagt — Zukunft, die wir bereits in der Gegenwart gestalten.

*

Die Ergebnisse der Forschung können sich im Leben nur dann auswirken, wenn es im praktischen Leben zur Umsetzung der Gedanken des Forschers in die Wirklichkeit einen Stamm von wohlausgebildeten Spezialisten — vom Physiker, Chemiker und Elektroingenieur bis zum Glasbläser und Mechaniker — gibt. Es kommt aber nicht nur auf den Personenkreis an, der unmittelbar an der Entwicklung der technischen

Verfahren teilnimmt. Nachdem die Verfahren von der Forschung und „Produktion“ für den Gebrauch im Leben fertig ausgebildet worden sind, muß es auch Menschen geben, welche sich ihrer mit einem gewissen Grade der Vollkommenheit bedienen können. Zu den von der Forschung und schließlich von der Industrie gelieferten komplizierten Apparaten und Maschinen gehören Menschen, welche fähig sind, mit deren diffizilem Mechanismus umzugehen, und in deren Handhabung eine gewisse Fertigkeit erlangt haben. Die Ausbildung dieser Menschen ist Sache des Unterrichtswesens. Insoweit ist also der Unterricht der Schlüssel, welcher sozusagen der Forschung die Tür zu den Erfordernissen des menschlichen Lebens öffnet, und dessen Besitz ist für das so vielfältige Leben der modernen Menschheit und der Völker zu einer Existenzfrage geworden. Ist die Schaffung der geistigen Grundlagen eines Verfahrens Sache der Forschung, so ist ihre Aneignung durch die Menschen die Aufgabe des Unterrichts. Erst der Unterricht befähigt den Menschen, sich der bereits ausgearbeiteten Verfahren zu bedienen. Erst durch Vermittlung des Unterrichts wird Forschung von heute — Kulturstand sowie Arbeit und Brot von morgen. Daher wird auch die Forschung von heute ihren Niederschlag im Unterricht von morgen finden müssen. Diejenigen Völker, die die von der modernen Forschung zur Auseinandersetzung mit der Wirklichkeit entwickelten Verfahren nicht meistern können, werden sich weder im Wettbewerb mit anderen Nationen noch im Kampfe mit der Natur behaupten.

Wie steht es mit dem Unterrichtswesen unserer Tage? Wir wissen, daß in der Hochschulpraxis die Mängel des Schulunterrichts dauernd fühlbar sind. Eine Überprüfung dieser Frage ergibt, daß, abgesehen von den als Kriegsfolgen angesehenen Mängeln, der heutige Unterricht den Erfordernissen unserer Zeit auch nicht entsprechen kann. Schon Felix Klein hatte es empfunden, daß der Schulunterricht seiner Zeit nicht den Erfordernissen des Lebens in dem oben angedeuteten Sinne entsprach. Seine Erkenntnisse veranlaßten ihn zur Aufstellung des bekannten Erlanger Programms, welches damals, hinsichtlich des Mathematikunterrichts, einen großen Fortschritt brachte. Im wesentlichen hat sich der Rahmen des Erlanger Programms im Mathematik-Unterricht bis auf unsere Tage erhalten. Nun hat aber seit den Zeiten Kleins sowohl die naturwissenschaftliche Forschung als auch die Theorie der Didaktik und der Unterrichtsmethodik bedeutende Fortschritte gemacht. Besonders die Naturwissenschaft hat in den letzten 20—30 Jahren neue mächtige Gebiete des Wissens erobert, deren Erschließung zum großen Teil auf ganz neue gedankliche Ansätze zurückgeht. Der Umfang des nötigen Spezialwissens hat sich sehr bedeutend vergrößert. Das mathematische Wissen beispielsweise, welches zum Verständnis der neuen Einsichten in die Naturwissenschaften und Technik gehört, ist so umfangreich und so tief geworden, daß es nur von wenigen Spezialisten bewältigt werden kann. Demzufolge vertieft sich die Aufteilung auch jener Disziplinen, in denen die Mathematik Anwendung findet. Als Beispiel sei hierfür die Physik erwähnt; die früher in ihren Anfängen und Grundsätzen einheitliche Disziplin, teilt sich immer mehr in die theoretische und in die experimentelle Physik.

Die Neusichtung des Unterrichts und seine Angleichung an die Erfordernisse der Gegenwart ist zu einem der vordringlichsten Probleme unserer Zeit geworden. Man muß sagen, die Forderung nach einer für unsere Zeit sinnvollen Gestaltung des *Unterrichts* ist in den Rang der *Probleme der nationalen Existenz* gerückt, ohne daß sich die weiten Schichten der Bevölkerung, der Eltern und Erzieher dessen bewußt geworden sind. Das Verhältnis zwischen der Forschung und dem Unterricht und dann zwischen Forschung und Unterricht auf der einen Seite und dem kulturellen und materiellen Leben auf der anderen Seite läßt sich durch zwei kurze Sätze wiedergeben: *Forschung und Wissenschaft von heute sind Unterricht von morgen. Forschung, Wissenschaft und Unterricht von heute sind Kulturstand und Arbeit und Brot von morgen.*

*

Ein kurzer Überblick über die Geschichte der Forschung läßt drei Tatsachen hervortreten, die bei allen Diskussionen über eine engere Verbindung von Forschung und Unterricht nicht vergessen werden dürfen. Die Forschung hat — wie bereits gesagt — gerade in den letzten 20 bis 30 Jahren eine bisher nicht dagewesene Entwicklung genommen, und wenn der Aufstieg der Forschung durch eine fiktive zeitabhängige Kurve darstellbar wäre, so würde sie in dem genannten Abschnitt einen außergewöhnlich steilen Aufstieg zeigen.

Nun weist die Entwicklung des Unterrichtswesens keine Entsprechung auf. Ferner sind zwei einander entgegengesetzte Momente zu beachten. Einerseits drängt eine starke, sachlich notwendige Tendenz zur Spezialisierung und Aufspaltung einzelner Disziplinen; andererseits aber durchdringen scheinbar wesensfremde Disziplinen mit ihren Methoden einander, kombinieren ihre Resultate und fordern so die Berücksichtigung des Standpunktes des Lebensganzen zur Ordnung des Unterrichts.

*

Im kontinentalen Zeitalter folgten die naturwissenschaftlich-technischen Neuerungen in großen Zeitabständen aufeinander. Ein leichtes geistig-seelisches Sichzurechtfinden des Menschen in den Dingen war gewährleistet. Es gab keine „Revolutionen", die die Völker und Menschen geistig und seelisch hätten erschüttern können.

Im ozeanischen Zeialter folgten die naturwissenschaftlichen und technischen Neuerungen in kürzeren Abständen aufeinander, aber ein Zurechtfinden war immer noch möglich, bis die technisch-industrielle Revolution sich voll auszuwirken begann. Die Störung des inneren Gleichgewichts des Menschen setzte ein; sie mußte überwunden werden.

Das atmosphärisch-globale Zeitalter bringt eine ununterbrochene Reihe schnell aufeinander folgender Großtaten der Naturwissenschaften und der Technik. Die Reihe der Großtaten der Forschung will nicht abreißen. Ihnen folgen Großtaten der Technik und der Industrie, welche sich schnell im praktischen Leben der Völker auswirken. Eine solche Großtat allein hätte früher schon genügt, eine Umwälzung im Menschen hervorzurufen, aber in unserer Zeit bricht unaufhaltsam eine ganze Reihe solcher Großtaten über den Menschen herein. So wird eine nicht abreißende Kette technischer Künste, eine nicht abreißende Kette von geistig-seelischen Revolutionen entfesselt.

Von dieser Schnelligkeit der Entwicklung des Lebens überwältigt, ist der Mensch nicht mehr in der Lage, den inneren Zusammenhängen des Geschehens zu folgen, sie durch einen tragenden Gedanken miteinander zu verbinden. Er vermag sie nicht zum Bestand seines Innenlebens zu machen, zu ihnen in ein sinnvolles, gerechtes und gesundes Verhältnis zu kommen, sie mit seinen geistigen und sittlichen Werten in Einklang zu bringen. Er hinkt ihnen innerlich in weitem Abstande nach. Er hinkt geistig und seelisch nicht nur nach, sondern er steht ihnen oft in einem innerlichen Mißverhältnis und Mißverständnis gegenüber, ja noch mehr, er befindet sich vielfach ihnen gegenüber im Zustande des Gegensatzes und der Feindseligkeit. Hätte der Mensch dieser oft mit betäubender Geschwindigkeit ansteigenden Entwicklung mit voller innerer Anteilnahme folgen sollen, so hätte er unter der Wirkung der hervortretenden Spannungen innerlich bersten müssen. Er umgibt sich deshalb mit einer Schutzhülle. Diese Schutzhülle wird durch die Art und Weise, wie der Mensch dem Neuen begegnet, gebildet: äußerliche, gleichsam registrierende Kenntnisnahme der Neuerungen, ohne innere Anteilnahme. Freilich ergibt das ein oberflächenhaftes Verhältnis des Menschen zu den betreffenden Dingen des Lebens, aber eben durch dieses Haften an der Oberfläche, durch diese Oberflächenhaftigkeit schützt sich der Mensch vor dem Erdrücktwerden durch die auf ihn hereinstürzenden Neuerungen und infolgedessen auftretenden geistig-seelischen Überbeanspruchungen. Diese Oberflächenhaftigkeit, wenn sie einmal im Menschen Platz gegriffen hat, verleitet ihn aus Bequemlichkeit zur Oberflächlichkeit auch in anderen Dingen und wird schließlich zu einem Wesenszug seines Charakters. Daher ist das Gehabe mancher Menschen, die durch eine von dem Spezialisten-Typus geschaffene Zivilisation geformt worden sind, gedankenlos, teilnahmslos.

*

d. Im Menschen ruht sein Schicksal.

Der gegenwärtige Stand unserer Kultur und Zivilisation läßt erwarten, daß die Forderungen an die Forschung immer mehr steigen und die Forschung immer neue Gaben spenden wird. Das tut sie eigentlich bereits seit 150 Jahren, aber in den letzten 25 bis 30 Jahren steigern sich — wie wir schon ausgeführt haben — ihre Erfolge mit ungewöhnlicher Schnelligkeit und Mächtigkeit.

Diese enorme Entfaltung der Forschung, die Anwendung ihrer Erfolge in der Praxis liegt in dem Zuge der Zeit. Sie ist die Antwort auf das Lebenwollen eines jeden Volkes.

Und wohin führt diese stete und steile Aufwärtsbewegung? So wird mit bang erfülltem Herzen gefragt. Eine technische Errungenschaft löst die andere ab, eine große Organisation die andere, eine Weltanschauung die andere und der Boden, auf dem wir stehen, wird uns immer wieder unter den Füßen weggezogen.

Die Organisation und die Technik unserer Zeit sind mächtig geworden: mächtig in der Produktion, gewaltig in ihrer Struktur, ungeheuerlich beim Zerstören, aber ebenso mächtig und gewaltig beim Aufbau.

Die Naturwissenschaften und die Technik haben dem Menschen in den lezten dreißig Jahren einen neuartigen Bereich an Lebensmöglichkeiten gegeben. Sie stellen ihm ungeheure Energien zur Verfügung, welche vor wenigen Jahren noch unvorstellbar waren.

Die Tagespresse klärt seit Kriegsende die ganze Welt über den Bau der Atome auf. Ein jedes von ihnen besteht aus der Elektronenhülle und aus einem Kern. Die in dem Kern ruhenden Energien sind bedeutend größer als die der Elektronenhülle. Die Kernenergien betragen ein Millionenfaches der Elektronenhüllenenergien. Auf noch höhere Energien weisen die kosmischen Strahlen hin. Diese Energien betragen etwa das 100-Millionenfache der Elektronenhüllenenergien. Die heutigen Physiker überbieten die Tat des Prometheus. Die Energiequelle des Prometheus, in der uns bis vor kurzem bekannten Form, entsprach der Elektronenhüllenenergie. Sie hat bei vielen, großen geschichtsbildenden Taten des menschlichen Wirkens Pate gestanden, aber zugleich richtete sie auch großes Unheil an. Der Mensch hat gelernt, das Unheil zurückzudämmen, es zu bannen. Welche Zukunft bereitet uns die erst im 20. Jahrhundert entfesselte Energiequelle vor!? Wird der Mensch diese Naturgewalt in den Dienst einer großen Zukunft stellen?! Oder wird er das innere Gleichgewicht, die innere Festigkeit verlieren, das Gleichgewicht und die Festigkeit der geistigen, seelischen und sittlichen Kräfte — und damit die Gewalt über das von ihm „Gezeugte"? Dann ist das große Unheil da, dann müssen wir alle in den Tartaros. Wir wissen aber nicht, ob wir wie Prometheus nach der Oberwelt, nach Kolchis, versetzt werden, um endlich von einem Unsterblichen, der sterben will und der seine Unsterblichkeit gegen unsere Fesseln zu vertauschen bereit ist, erlöst zu werden.

Man glaubt, daß das Instrument aus „innerer Notwendigkeit“ neuartige Probleme und Zusammenhänge, die ursprünglich nicht erwartet wurden, erzwingt. Man glaubt, daß ein Instrument einen eigenen Entwicklungsgang nimmt, Eigengesetzlichkeit hat und sich deswegen dem „Schöpfer“ entzieht. Hierin will man die Quelle mancher Übel sehen, welche von den Naturwissenschaften und der Technik kommen sollen (Sidney Hook). Wir erinnern uns an unser „Schema“ und versuchen, mit seiner Hilfe den Fall klarzulegen.

In eine bestimmte Situation geraten — sagten wir — fühlt sich der Mensch gezwungen zu handeln (Herausforderung der Situation), und zwar so zu handeln, daß die Situation in seinem Sinne gestaltet wird. Vom Lebenwollen her wird er dazu bewogen. Es bestimmt das Ziel seines Handelns, den Inhalt seines Vorhabens. Er faßt den Gedanken (Idee), wie er sein Vorhaben ausführen kann. Er sucht Mittel und Wege (Forschung), das Vorhaben auszuführen. Auf der Suche nach den Mitteln erdenkt er sich die Werkzeuge und auf der Suche nach dem Wege die Methoden. Nun kann er handeln (Auseinandersetzung) und im Sinn seines Lebenwollens die Situation gestalten.

Er entdeckt, daß er mit dem für ein bestimmtes Vorhaben erdachten Werkzeug die Möglichkeit hat, manche seiner anderen Vorhaben auszuführen. Er hat sozusagen einen neuen Bereich von neuen Möglichkeiten entdeckt.

Die Kälte (Situation) z. B. forderte den Menschen heraus, Mittel und Wege gegen sie zu erdenken. Sein Vorhaben ist Wärmeerzeugung. Mit dem erzeugten Feuer heizt er seinen Raum. Damit wird die Idee der Wärmeerzeugung zur Sache der Tat, sie wird Wirklichkeit. Er sieht, daß er mit dem Feuer auch seine Nahrung zubereiten und Licht erzeugen kann. Dann sieht er aber, daß er damit auch den Hof seines „bösen Nachbarn“ in Brand zu stecken vermag.

Um einen Nagel in die Wand einzuschlagen, erfand der Mensch den Hammer. Aber die Idee des Einschlagens und das entsprechende Werkzeug enthält alle Möglichkeiten des Schlagens, auch die, seinem Nachbarn den Schädel einzuschlagen. Um zu schneiden, erdachte der Mensch das Messer. Alle Möglichkeiten des Schneidens kann er zur Tat werden lassen. Er kann damit einen Laib Brot ebenso wie den Leib eines Menschen schneiden. Ob und wann er den Gedanken faßt zu schneiden, hängt nicht vom Messer ab. Welche Möglichkeiten des Schneidens er ausführt, hängt einzig und allein von seinem Entschluß ab. Was soll er und was soll er nicht, was darf er und was darf er nicht, was führt er aus und was darf er nicht ausführen, was darf er nicht wollen? Zu welchem Entschluß er kommt, das hängt von seiner sittlichen Weltordnung, von seinen ethischen Werten und Maßstäben ab.

Der dem mathematisch-naturwissenschaftlich-technischen Denken entsprungene Gebrauchsgegenstand kann also auch mißbraucht werden nicht nur zur Gefährdung der physischen Existenz des Menschen, sondern auch der sozialen, wirtschaftlichen, politischen und geistigen. Gewiß! Man vergesse aber nicht, daß die Gefahr des Mißbrauches nicht nur dem mathematisch-naturwissenschaftlich-technischen Bereich eigen ist, sondern auch allem, was wir unter der Kategorie der Geisteswissenschaft zusammenfassen, und nicht nur der Geisteswissenschaft, sondern auch der Kunst und der Religion. Auch hier gibt es Bedrohung und Gefahr. Viele Beispiele dieser Art kennt das menschliche Leben. Ist auch die Gegenwart nicht voll davon? Auch hier ist entscheidend, zu welchen ethischen Werten und Maßstäben der Mensch sich bekennt.

Die Idee einer technischen Einrichtung, eines Werkzeuges ist es, die einen Bereich von Möglichkeiten setzt. Der „Schöpfer" des Instrumentes baut es unter einem speziellen Gesichtspunkt. Er kümmert sich nicht um die Mannigfaltigkeit der in der Idee begründeten Möglichkeiten. Möglichkeiten, die nicht in der Idee enthalten sind, welche dem Instrument zugrunde liegt, kann man nicht in dem Instrument entdecken.

Die Grenzen des von der Forschung erschlossenen Bereichs an neuen Möglichkeiten werden dauernd erweitert. Diese Möglichkeiten beziehen sich auf Mittel und Wege: auf die Frage, womit und wic der Mensch sein Vorhaben ausführen kann. Also es sind nur Mittel und Wege und nicht Inhalt und Ziel des Vorhabens bekannt. Das menschliche Vorhaben selber entspringt dem Lebenwollen und der Situation, in welche der Mensch sich gestellt sieht. Sie fordert ihn zum Tun und Handeln heraus. Er muß handeln, wenn er sein Leben auch weiter in seinem Sinne gestalten will. Das Vorhaben enthält bereits bei seinem Entstehen entsprechende Zwecke, Absichten und Ziele. Die Art seiner Ausführung und die geistig-seelischen Folgeerscheinungen, welche sich bei der Handlung ergeben, hängen von der Lebensanschauung ab, welche bereits bei der Entstehung des Vorhabens mitwirkt. Die Technik hat nur die eine Aufgabe zu erfüllen, nämlich die Ausführung des Vorhabens zu ermöglichen.

*

Mit der Maschinentechnik gewann das Leben — wie wir wissen — in einem ganz spezifischen Sinne ein neues Gepräge. Gleichzeitig kam eine spezifische Wirtschafts- und Lebensauffassung auf, in deren Bahn und Dienst die Technik hineingestellt wurde. Beide, Wirtschafts- und Lebensauffassung sowie die Technik, haben sich in ihrer Entwicklung weitestgehend unterstützt und bewirkten die Entfaltung des Lebens in einem ihnen beiden spezifischen Sinne, den zuvor die Geschichte nicht kannte. Nicht die Technik war dabei das Primäre, das Ursprüngliche, welches die Entwicklung des menschlichen Lebens im 19. Jahrhundert so maßgebend mitbestimmte, sondern die damals herrschende Lebensauffassung und Lebenspraxis. Die Technik stand im Dienste dieser Auffassung und Praxis. Ohne ihren Dienst wäre allerdings die Lebensauffassung allein nie zu der Auswirkung und Bedeutung gelangt, welche die heutigen politischen Zustände in so hohem Maße mitbestimmen.

Es gibt manche Notwendigkeiten und Folgeerscheinungen im Leben der Menschen, welche ohne Technik einfach nicht möglich wären. Aber nicht in der Technik liegen letztlich die Inhalte dieser Not-Wenden und Folgeerscheinungen, sondern in der Lebensauffassung, in der Lebenssetzung allein. Die Technik selbst führt ihm nur mehr Kraft, mehr Energie, mehr Apparate, mehr Macht, mehr Organisation zu.

Nur was vom Menschen bewußt oder unbewußt gesetzt wird, ist maßgebend: Im Menschen ruht sein Schicksal.

VI. Umschau

Das Streben des Menschen, sich im erdumspannenden Rahmen zu betätigen und auszuwirken, wird vom Technischen her weitestgehend unterstützt. Die Naturwissenschaften und die Technik stellen ihm die Werkzeuge zur Verfügung. Ohne großzügige Forschung auf allen Gebieten des Lebens — also nicht nur auf naturwissenschaftlichem und technischem Gebiete — ist die Weltordnung des atmosphärisch-globalen Zeitalters nicht denkbar, und die naturwissenschaftliche und technische Forschung bildet eine der Voraussetzungen. Die sinnreichste politische Konzeption ist bedeutungslos, wenn diese Voraussetzung nicht erfüllt ist.

*

Die unteilbare Welt weist zwei große Zusammenballungen des geistigen Lebens und der Forschung, — auch der naturwissenschaftlichen und technischen Forschung — auf: die USA und Europa. Nur diese zwei geistigen Lebenszentren sind in der Lage, die geistige Kraft und Wucht aufzubringen, welche erforderlich sind, um die Welt wieder zu ordnen und die das Leben befruchtende Ordnung aufrechtzuerhalten.

*

Zusammenführung der Forschungen verschiedener europäischer Völker zur gegenseitigen Anregung und zur Steigerung ihrer Entfaltung einerseits und die Idee des geeinten Europa andererseits bedingen einander. Die Idee der europäischen Sammlung stellt neuartige Aufgaben an die gesamte Forschung, und zwar sowohl an die geisteswissenschaftliche wie an die naturwissenschaftliche. Alle Forschungsgebiete erfahren eine Bereicherung durch Forderungen, die an sie seitens des geeinten Europa gestellt werden, Durch die Zusammenführung der Industrien, der Landwirtschaft, der Verkehrssysteme und der Energiewirtschaften der einzelnen europäischen Länder entstehen neue Aufgaben, neue Notwendigkeiten, welche durch die Naturwissenschaften und die Technik zu lösen wären.

*

Wir übersehen nicht die Folgen des Umbruchs und des Überganges vom ozeanischen Zeitalter zum atmosphärisch-globalen. Wir übersehen vor allem nicht die Folgen der Macht- und Völkerverschiebungen, die bei diesen weltumspannenden Prozessen stattfinden. Wir übersehen auch nicht die Folgen jener Möglichkeiten, die sich aus der naturwissenschaftlichen und technischen Forschung für die Gestaltung Europas und der Welt ergeben. Was wir deutlich sehen, sind die Möglichkeiten, grandiose Möglichkeiten, die der Mensch für die Gestaltung seiner Zukunft, seiner nationalen Geschichte und der Weltgeschichte seitens der Naturwissenschaften und der Technik in die Hand bekommt.

Die gesamte Forschung — und in diesem Rahmen die mathematische, naturwissenschaftliche und technische Forschung — öffnet dem Menschen neue Bereiche neuer Möglichkeiten. Es bleibt ihm zu entscheiden, wozu und wie er diese Möglichkeiten verwirklicht. Darin steckt sein Gedeih und Verderb, darin ruht seine Gegenwart, seine Zukunft, sein Schicksal.

*

Wir sind vor eine entscheidende Situation von welthistorischer Tragweite gestellt. Gewiß wird sie in unser Schicksal tiefen Eingriff tun. Aber nicht allein die an uns herangetragene Situation bestimmt den weiteren Lauf des geschichtlichen Geschehens. Es wird durch unser Tun und Handeln geprägt. Es selbst wird durch unsere bewußten oder unbewußten „Setzungen" befruchtet, geformt und weitergetrieben. Gewiß ist unsere Situation die komplizierteste, die es je gegeben hat. Gibt sie darum weniger Grund und Anlaß, unseren Lebenswillen und unseren Geisteswitz zu erproben und — die Zukunft fortgestaltend — unsere Lebensfähigkeit unter Beweis zu stellen?

Register